Le sataniste flagellé satanistes contemporains, incubat, succubat, sadisme et satanisme

René Schwaeblé

1912

© 2024, René Schwaeblé (domaine public)
Édition : BoD · Books on Demand, 31 avenue Saint-Rémy,
57600 Forbach, bod@bod.fr
Impression : Libri Plureos GmbH, Friedensallee 273,
22763 Hamburg (Allemagne)
ISBN : 978-2-3224-9652-5
Dépôt légal : Mars 2025

TABLE

Pages

I. — La Gnose
II. — L'Église gnostique
III. — Shatanisme
IV. — Mes Documents
V. — Shatanistes contemporains
VI. — La Messe shatanique
VII. — Incubat, Succubat
VIII. — L'Excuse du Shatanisme

Grande Imp. du Centre — Herbin. Montluçon

I

LA GNOSE

Le mot Shatan vient de SchTN.

Ce nom SchTN n'a point de signification propre, malgré ce qu'a dit un des historiographes du Shatanisme. Il ne signifie point « ennemi adversaire ». C'est un nom propre, devenu, évidemment, par la suite, synonyme de « mal, adversaire ».

Quant à l'histoire personnelle de Shatan, elle nous apparaît aussi problématique que celle de Dieu... Nous admirons ceux qui l'ont écrite, nous ne les imiterons pas. Naïfs, nous pensons que Shatan est né avec le monde, c'est-à-dire en...

Nous nous essayerons seulement dans celle du Shatanisme.

Il ne nous semble pas extraordinaire d'avancer que le monothéisme intransigeant de Moïse prépara le manichéisme. Tout abus prépare une révolution.

Le système de Manès est très clair : le Bien et le Mal, un Principe du Bien et un Principe du Mal toujours en lutte, chacun vainqueur à son tour. Les deux Principes se partagent le monde et les hommes. Manès ne découvrit ni le Bien ni le Mal, il leur donna une sorte de personnalité, il eut le courage de proclamer Inexistence et la puissance du Mal. Shatan devenait presque l'égal de Dieu.

… Arrivons à Jésus.

Jésus connaît bien Shatan et les démons ! Il envoie les démons hantant un possédé dans un troupeau de deux mille cochons[1] lesquels vont se noyer dans le lac voisin ; « Jésus, dit Renan, croyait au diable qu'il envisageait comme une sorte de génie du mal, et il s'imaginait, avec tout le monde, que les maladies nerveuses étaient l'effet de démons qui s'emparaient du patient et l'agitaient ». Sa prière se terminait par ces mots : « Pardonne-nous nos offenses comme nous les pardonnons à ceux qui nous ont offensés. Épargne-nous les épreuves ; délivre-nous du Méchant ». Citons encore Renan : « L'imagination des disciples s'exerça beaucoup sur le séjour de Jésus au désert. Le désert était, dans les croyances populaires, la demeure des démons. Il existe au monde peu de régions plus désolées, plus abandonnées de Dieu, plus fermées à la vie que la pente rocailleuse qui forme le bord occidental de la Mer morte. On crut que, pendant le temps qu'il passa dans cet affreux pays, il avait traversé de terribles épreuves, que Satan l'avait effrayé de ses illusions ou bercé de séduisantes promesses, qu'ensuite les anges, pour le récompenser de sa victoire, étaient venus le servir ».

Jésus prêchait par l'immensité, pour l'immensité.

Les Apôtres prêchèrent pour quelques paisibles pécheurs.

Leurs successeurs, les Papes, prêchèrent pour les intérêts d'une religion.

Et, au lieu de progresser avec les traditions de tous les pays, ils se cantonnèrent dans la Bible hébraïque.

C'est alors que des esprits qui s'y trouvaient à l'étroit s'inspirèrent et de cette Bible et de ces traditions.

Ce furent les Gnostiques, les premiers dissidents qui, par la suite, devaient s'appeler :

>Ophite,
>Mazdéiste,
>Kabbaliste,
>Essénien,
>Manichéen,
>Eustathien,
>Catharre,
>Novatien,
>Priscillianiste,
>Apotactite
>Encratite,
>Montaniste,
>Johannite,
>Albigeois,
>Pétrobrusien,
>Henricien,
>Templier,
>Jacobin,
>Carmélite,
>Franc-Maçon, etc., etc.

Tous ces noms se résument sous un seul : Shataniste.

…Morphinomanes, éthéromanes, cocaïnomanes sont un peu shatanistes aussi… Ils cherchent à côté.

… Revenons à la Gnose.

D'un article signé « Sophronius »[2] et quelque peu obscur d'ailleurs, extrayons ces lignes : « Dans le Gnosticisme moderne, l'*un* est l'Être infini ; l'*intelligence* est l'Être suprême ou parfait ; l'*âme universelle* est l'Éther universel. Mais dans le Gnosticisme du Ier et du IIe siècles de notre ère, cette trinité fondamentale semble noyée dans une multitude d'hypostases appelées *Éons,* et il est si difficile aux étudiants en philosophie de la reconnaître que, rebutés par cette difficulté, ils abandonnent l'étude de la Gnose en proclamant qu'elle est le cauchemar de l'humanité ».

---

1. ↑ Les sceptiques remarquent qu'il ne devait pas se trouver tant de cochons dans un pays où leur viande était défendue.
2. ↑ L'article est signé « Sophronius, évêque de Toulouse ».

II

L'ÉGLISE GNOSTIQUE

Le document suivant est signé « Johannès ».

Ce pseudonyme cache un des occultistes les plus distingués et qui habite Lyon.

« L'Église gnostique est une Église ayant pour but essentiel de faire : 1° L'Unité, par la raison et la science moderne, entre toutes les Églises chrétiennes et entre les divers systèmes philosophiques ; 2° l'Unité du Christianisme depuis Jésus-Christ et du Christianisme avant Jésus-Christ, et mériter par là d'être véritablement universelle.

« Sa doctrine est la Gnose, cette philosophie religieuse traditionnelle qui, dans l'antiquité jusqu'au Ve siècle de notre ère, resta secrète, c'est-à-dire fut enseignée seulement à quelques auditeurs d'élite. Après la mort de Jésus, cette doctrine prit le nom de chrétienne. En effet, plusieurs Pères de l'Église, tels que Clément d'Alexandrie, Origène, appelaient leur doctrine Gnose.

« Mais il s'établit alors un double courant :

« Ceux qui ne voulaient trouver les antécédents de la doctrine chrétienne que dans la Bible hébraïque et ceux qui reconnaissaient les antécédents du Christianisme dans les traditions des divers peuples.

« Les premiers abandonnèrent la dénomination de gnostiques pour se désigner uniquement sous le nom de *chrétiens* et les seconds conservèrent le nom de *gnostiques*.

« Dans la suite, le courant chrétien, grâce à son alliance avec les *princes de ce monde*, triompha du courant gnostique. Une à une s'éteignirent les lumineuses clartés qu'avait projetées le gnosticisme. Ce fut la longue nuit du moyen-âge où Rome seule vécut et s'organisa pour la conquête future du monde.

« Les gnostiques durent se cacher, se réunir en secret, jusqu'en 1208, époque à laquelle le patriarche gnostique Guilhabert de Castres réunit les évêques gnostiques en un concile à Montségur, où furent fixés les détails de la liturgie et les principaux points de la doctrine gnostique Albigeoise.

« L'antique gnosticisme se dressait à nouveau en face de l'église romaine. Celle-ci s'émut. Elle envoya des missionnaires à ces hérétiques pour essayer de les ramener à elle par la persuasion. Mais ses efforts furent vains. Alors, elle déchaîna l'Inquisition.

« Lutte longue, acharnée, épouvantable, atroce, dans laquelle les Albigeois furent dispersés, traqués, pendus, brûlés.

« On croyait qu'il ne restait rien d'eux, Erreur ! Les Templiers héritèrent de leur doctrine et en firent leur religion.

« Mais le gnosticisme christianisé triompha du gnosticisme pur, et l'Eglise Romaine anéantissait les

Templiers[1] au commencement du XIVe siècle en même temps que le concile de Vienne condamnait leur doctrine.

« Le gnosticisme ne disparut pas pour cela. Il fut conservé par la société des *Rosicruciens,* laquelle se consacra à l'étude de l'alchimie et à la propagation des doctrines gnostiques et dont les descendants s'allièrent le 24 juin 1717 avec la « Fraternité des Libres-maçons » pour fonder la Franc-Maçonnerie.

« Le gnosticisme fut dès lors la doctrine secrète de la Franc-Maçonnerie[2].

« Aujourd'hui, des maçons instruits et des spiritualistes initiés, armés en outre des découvertes de la science moderne, veulent reconstituer le gnosticisme intégral en l'appuyant sur la tradition universelle et les sciences d'observation, par le moyen de l'Église Gnostique.

« Cette Église est large et tolérante. Ses dogmes ne se présentent pas comme objets de démonstration philosophique et scientifique, car elle est non la Foi, mais la Science : Gnôsis ! Son premier Patriarche a été Jules Doinel, un des hauts dignitaires de la Maçonnerie, en religion Valentin, qui rétablit la hiérarchie gnostique en 1890 et choisit comme siège primatial Montségur en souvenir de la sainte Montagne sur laquelle deux cents martyrs furent brûlés en 1244 par le vouloir satanique de l'Inquisition.

« Les adhésions vinrent nombreuses. L'Église Romaine s'alarma. Un rapport spécial fut adressé au Saint-Office, et

Valentin, ainsi que les autres évêques gnostiques qui avaient été consacrés selon le rite chrétien primitif par deux prêtres romains, furent trois fois excommuniés, comme évêques hérésiarques, schismatiques et ennemis de l'Église.

« En novembre 1894, Valentin fit défection[3]. Synésius[4], consacré évêque de Bordeaux le 8 juillet 1894, fut élu Patriarche gnostique, Primat d'Albigeois, Grand Maître de l'Ordre de la Colombe du Paraclet, à la place de Valentin» démissionnaire. Il est aidé dans l'administration de l'église par des évêques, des diacres et des diaconesses. L'Église Gnostique a voulu ainsi que la religion consacrât l'égalité de l'homme et de la femme, en accordant à celle-ci, aussi bien qu'à l'homme, le pouvoir sacerdotal.

« Une différence qui distingue les évêques gnostiques des romanistes est que ceux-là sont considérés comme des ministres chargés de diriger l'instruction des membres de l'Église et nullement comme des représentants de Dieu sur la terre ainsi que l'enseigne l'Église romaine.

« Une seconde différence est qu'aucune fonction sacerdotale n'est rétribuée.

« Pour les romanistes, le sacerdoce est une profession qui rapporte un revenu, revenu fourni par l'église ou les gouvernements.

« Jamais les gnostiques n'ont pensé que le sacerdoce fût une profession et un moyen de gagner sa vie. Les évêques et diacres gnostiques remplissent leurs fonctions sacerdotales et gagnent leur vie au moyen d'une profession libérale ou d'un métier.

En France, les sièges épiscopaux occupés sont au nombre de sept : Paris, Versailles, Toulouse, Lyon, Carcassonne, Nancy et Albi.

L'Église Gnostique est représentée à l'étranger par des évêques : en Belgique, Prusse, Bohême, Autriche, Russie, Italie, République Argentine et Canada. Dans plusieurs de ces pays, elle compte de nombreux adhérents.

L'assemblée des Évêques forme le Haut Synode Gnostique qui a été reconstitué définitivement au Concile tenu à Toulouse au mois d'août 1903.

Ce concile a décrété que le Gnosticisme ne prétend s'imposer aux consciences ni par la force du pouvoir civil ou militaire, ni par de vaines menaces de châtiments d'outre-tombe ni par de fallacieuses promesses de récompenses futures. Basé sur la tradition universelle et sur la philosophie et la science moderne, il ne s'adresse qu'à la raison. Il admet la liberté absolue de conscience et d'examen chez tous les hommes et les traite tous en *frères*.

Loin de combattre la civilisation moderne comme le fait l'Église romaine, l'Église gnostique admet les gouvernements qu'il plaît aux peuples de se donner, et, respectueuse des lois civiles, elle reconnaît le divorce, dans les limites fixées par ces lois. Car, chez elle, il n'existe pas de sacrement de mariage.

L'église Gnostique n'est pas une église publique, ouvrant les portes de ses assemblées au premier venu. Ne visant pas au nombre des membres, mais à leur qualité, elle constitue une église ésotérique, fermée, où l'on n'est admis que par *initiation*, c'est-à-dire que la doctrine et la pratique gnostiques ne s'enseignent que progressivement, avec des temps d'arrêt, qui permettent à l'Initié de bien s'assimiler la doctrine et de s'exercer à la pratiquer.[5]

L'Église Gnostique recommande à ses adeptes la propagande par la parole, les écrits et l'exemple en répandant la Gnose, c'est-à-dire une religion qui ne soit plus en contradiction avec la science, mais qui, au contraire, cherche à faire l'union avec la science.

Cet article, il faut le reconnaître, est clair.

Nous ne lui ferons qu'un reproche : représenter le gnosticisme sous un trop beau jour. Il apparaît dans cet article la religion idéale.

Rappelons que les Chrétiens l'appellent Shatanisme.

Un autre article, du même auteur, complète les rapports du Gnosticisme et de la Franc-Maçonnerie.

« On sait que le gnosticisme sémitisé ayant triomphé du gnosticisme pur, celui-ci avait néanmoins été conservé par certaines sociétés secrètes tels que les Templiers et les Rose † Croix lesquels en 1707 donnèrent naissance à la Franc-Maçonnerie.

« Voici comment :

« Lorsque l'Église romaine opposa par la force brutale son action tyrannique aux hommes supérieurs qu'étaient les Gnostiques, ceux-ci furent obligés de cesser leur enseignement public ; les écoles qu'ils avaient ouvertes en Syrie, en Italie et en Grèce furent fermées ; mais ils professèrent en secret et sous le voile des symboles, leurs doctrines philosophiques et religieuses.

« La jalousie et la haine des inquisiteurs les poursuivant à outrance, ils auraient peut-être fini par succomber totalement et leur philosophie par disparaître avec l'anéantissement des Templiers s'il ne s'était trouvé un homme qui avait successivement parcouru la Turquie, la Palestine, l'Arabie, tout l'Orient, remontant ainsi aux sources de la tradition ésotérique, pour opposer la Gnose, par le moyen d'une société mystérieuse, à l'ignorance et au fanatisme de l'Église Romaine.

« Cet homme nous est connu sous le nom de Chrétien Rosencreuz, fondateur de la *Société alchimique des Rosicruciens.*

« Le nom de Rosicrucien venait de l'emblème adopté par la Société : une rose sur une croix symbolisant philosophiquement l'union de la science et de la foi, et gnostiquement le salut, non par la foi, mais par la science !

« Les membres de cette société se consacraient à l'étude de l'alchimie[6] et à la propagation de la Gnose. D'abord peu nombreux, leur nombre s'était accru successivement, à tel point qu'au commencement du 18ᵉ siècle ils étaient fort estimés en Angleterre surtout, où ils jouissaient d'une influence des plus considérables.

« Il existait à cette époque un groupe d'ouvriers constructeurs d'églises qui depuis le IXe siècle avait le monopole de la science architecturale et se réservait l'exploitation du style gothique alors en usage.

« Dans la suite, cette corporation d'ouvriers constructeurs ne se borna pas seulement à donner à ses membres les leçons techniques indispensables au métier de constructeur ; elle affecta une tendance moralisatrice et s'occupa de développer l'intelligence des ouvriers,

« Elle prit alors le nom de « *Fraternité des Libres Maçons* » employant le mot « Fraternité » dans le sens de « confrérie », de réunion de frères, et le mot « maçons » dans le sens de constructeurs en maçonnerie,

« En relations constantes avec le clergé, elle donna une large part à la discussion des croyances religieuses ; ses tendances intellectuelles ne firent que s'accentuer, et la « *Fraternité des Libres Maçons* » devint un foyer d'idées et d'aspirations libérales.

Au commencement du XVIIe siècle, eut lieu une modification importante dans le fonctionnement de la « Fraternité ». Le compagnon Inigo Jones préconisa en Angleterre le style italien du temps d'Auguste, dont l'esthétique enthousiasma et passionna la noblesse. Un véritable engoûment s'en suivit, Le style gothique fut délaissé et le monopole gardé si longtemps par la *Fraternité des Libres Maçons* reçut le coup de mort.

Afin de ne pas disparaître comme corporation, les Libres-Maçons renchérirent sur les aspirations intellectuelles et décidèrent d'accepter parmi eux des non-constructeurs, des non-ouvriers, qui se trouveraient en communauté d'idées libérales avec la « Fraternité » et augmenteraient mériteraient sa valeur et son importance de toute l'influence de leur position et de leur fortune.

Ils prirent le nom de *Fraternité des Maçons libres et acceptés*.

Mais ce dualisme d'ouvriers et d'intellectuels leur fut fatal, et, au commencement du XVIIIe siècle, la « Fraternité » ne comptait plus que quatre groupes ou *Loges* qui se réunissaient régulièrement en *Tenues* à Londres dans quatre auberges d'ouvriers.

Or, le 24 juin 1717, les Rosicruciens Jean-Théophile Desaguliers, naturaliste, et Jacques Anderson, ministre protestant, « assistés, dit la lettre de convocation, des frères Georges Payne, King, Calvert, Lumden, Malden, Elliot, et beaucoup d'autres », convoquèrent dans l'auberge du « Pommier » sise dans Charles-Street, à Londres, près le marché de Covent-Garden, les membres des quatre loges qui se trouvaient seules en activité à cette époque.

Cette réunion avait pour but d'opérer la fusion de la *Fraternité des Maçons libres et acceptés* avec la *Société alchimique des Rosicruciens*, afin de permettre aux

Rosicruciens d'abriter leurs recherches alchimiques et leurs idées gnostiques sous le manteau respecté de la Fraternité, et de procurer aux Maçons libres et acceptés les avantages que, seuls, les adeptes riches et influents des Rosicruciens pouvaient leur apporter.

L'assemblée accepta à l'unanimité cette fusion et la *Franc-Maçonnerie* naquit de cette acceptation.

La Société Alchimique[7] des Rosieruciens la Fraternité des Libres Maçons et la Fraternité des Maçons libres et acceptés disparurent pour toujours et la Franc-Maçonnerie, foyer du Gnosticisme pur, s'éleva en face de l'Église romaine, foyer du Gnosticisme faussé et corrompu.

Le but de la nouvelle société était de reprendre en secret l'œuvre des anciens gnostiques et des Templiers, qui était de substituer au christianisme sémitisé et dégénéré de l'Occident un christianisme ésotérique, gnostique, que ses chefs avaient appris à connaître en étudiant les livres sacrés de l'Orient et en s'affiliant à quelques sociétés secrètes du même pays.

Ils se promirent aussi de venger l'Ancien Ordre des Templiers de sa destruction et du martyre de son Grand Maître Jacques de Molay en supprimant la papauté en Italie.

« On sait aujourd'hui dans quelle mesure ils ont réussi : il n'y a plus de royauté en France, le pape a été dépossédé de ses états italiens et son autorité spirituelle va de jour en jour en diminuant dans l'esprit des intellectuels, surtout depuis la proclamation de son infaillibilité.

Mais, depuis quelques années, la Franc-Maçonnerie française s'est séparée de la Franc-Maçonnerie universelle en n'adoptant pour croyances que le positivisme et le matérialisme et en n'agissant qu'au point de vue politique.

Ce fut en 1886 que le Grand Collège des Rites ordonna la révision des rituels symboliques à laquelle le poussait la majorité révolutionnaire et athée du Grand-Orient.

Cette révision était la conséquence du fameux vœu n° 9, qui avait aboli au convent de 1877 la formule du Grand Architecte de l'Univers.

Depuis, la Grande Loge de France a suivi l'exemple du Grand-Orient ; seul, le suprême conseil qui administre quelques chapitres et rares Aréopages est resté spiritualiste, ainsi que le rite presque sans vitalité de Misraïm.

Or, ce que la Franc-Maçonnerie française a abandonné, l'*Église Gnostique* le reprend.

---

1. ↑ C'est Philippe-le-Bel, on le sait, qui fit brûler les Templiers. D'où ce nom que les sorciers hurlent au sabbat : « Ah ! Philippe ! Philippe ! » (N. D. L. A.)
2. ↑ Selon nous, ces deux sociétés n'en ont toujours fait qu'une, Le portail gauche de Notre-Dame est typique : la Vierge y tient une croix avec une

rose en son centre. Les Compagnons maçons qui élevèrent la cathédrale signèrent ainsi leur œuvre. (N. D. L. A.)
3. ↑ Valentin, après avoir regretté sa défection et être rentré dans le giron de notre Église, est mort en 1901, évêque de Carcassonne sous le nom de T. Jules. Il est l'auteur de l'*Hymnarium Gnosticum.*
4. ↑ Il s'agit de M. Fabre des Essarts (N. D. L. A.).
5. ↑ Cette initiation se donne en trente-trois grades analogues aux grades maçonniques. Comme la franc-maçonnerie, notre société gnostique est une société fermée, dans laquelle on n'est reçu qu'à certaines conditions. Ces conditions ont été fixées dans la constitution et les règlements généraux de l'Église gnostique qui ont été votés par le concile de Toulouse de 1903. J'ajoute que comme la franc-maçonnerie, la société gnostique est une société de secours mutuels, et qu'à ce point de vue elle peut rendre à ses adeptes de très grands services dans la vie pratique. Toute personne de l'un et de l'autre sexe âgée de 21 ans pouvant être reçue dans le Gnosticisme, on doit adresser les demandes d'initiation à M. le secrétaire général de l'Église gnostique, rue Pestalozzi, 3, Paris.
6. ↑ Nous qui nous vantons d'avoir passablement étudié l'Alchimie (*Biologie minérale, Problème du Mal, Revue rose*, etc.) pouvons affirmer n'avoir rien trouvé d'intéressant dans les manuscrits dits rosi-cruciens, ni rien démontrant que les Rost-Cruciens se soient plus spécialement occupés d'alchimie. (N. D. L. A.)
7. ↑ Peut-être s'agit-il de l'alchimie morale qui enseigne à purifier l'homme, à le rendre meilleur. (N. D. L. A.)

III

SHATANISME

Que de gens font des pactes sans le savoir ! Nul ne commet une mauvaise action qui ne fait un pacte tacite avec le Démon.

Vous concluez un pacte consciemment ou inconsciemment ; le Démon peut vous apparaître, comme apparaissent Dieu et les Anges aux créatures qu'ils aiment et qui les aiment.

Remplacez dans les prières les noms de Dieu et des Saints par ceux de Shatan et des démons, et vous deviendrez un excellent shataniste. Le moyen est d'autant plus dangereux qu'il est facile, à la portée de tous. Bien que cela soit possible, faire apparaître le Démon dans sa cave avec la complicité d'un prêtre nous semble aussi formidable que faire apparaître Jésus en dehors de la messe.

De même, l'évocation des démons n'offre guère de difficultés à qui connaît leurs qualités propres, Un enfant de quatre ans évoque par la prière son ange gardien, les chasseurs s'adressent à saint Hubert, les cavaliers à saint Georges. Les grimoires indiqueront les noms et qualités des mauvais esprits ; voici les principaux : Aloger, qui préside à l'orgueil, dirige la conscience ; Shatan, qui dirige l'imagination ; Nambroth, qui dirige la colère, la volonté, l'action ; Astaroth, qui donne l'intelligence, l'envie, l'habileté commerciale ; Acham, qui préside à la liberté, à la religiosité ; Lilith, qui préside à la luxure, à l'amour, aux arts ; Nabam, qui préside à la réflexion, à la solitude, à l'égoïsme[1].

Seulement, prenez garde : quand le Diable et ses démons vous tiennent, ils ne vous lâchent pas facilement. Quelquefois, quand ils n'ont pas très confiance, ils vous marquent de leurs griffes — généralement sur l'épaule droite, sous l'aisselle ou dans tes parties intimes, une patte de lièvre ou de crapaud, une araignée, — comme Dieu marque certaines de ses créatures des stigmates de la crucifixion.

Quand le Démon ne veut pas lâcher sa proie, il ne faut pas hésiter : il faut avoir recours à l'exorcisme. Le signe de la croix, l'eau bénite, le contact du crucifix ou des reliques, le sel ne suffisent pas toujours.

Jeanne d'Arc fut exorcisée à Vaucouleurs.

On trouvera la manière d'exorciser dans les rituels.

Voici ce que dit l'un d'eux :

« Premièrement, le Prêtre ne doit pas croire facilement que quelqu'un soit obsédé du Démon ; mais il faut qu'il ait une parfaite notion des signes par lesquels on distingue l'obsédé de ceux qui sont seulement attaqués d'une bile noire ou de quelqu'autre maladie, Or, les marques d'une véritable possession du Démon sont de répondre dans une langue inconnue du malade, ou d'entendre celui qui parle de cette langue, de découvrir ou relever les choses éloignées et cachées, de faire voir des forces au-dessus de l'âge et de l'état de la personne et beaucoup d'autres choses dans ce même genre, lesquelles venant à concourir sont les plus forts indices de la possession.

« Mais, afin qu'il connoisse mieux tous ces signes, après un ou deux exorcismes, il doit interroger l'obsédé de ce qu'il sent dans l'esprit ou dans le corps, afin qu'il puisse sçavoir quelles sont les paroles qui font le plus de peine aux Démons, afin de s'en servir pour les écraser.

« Il doit être attentif à connoître quels sont les artifices et les ruses dont les Démons se servent pour tromper l'exorciste ; car la plupart du temps, ils ont coutume de répondre une fausseté, et ne se manifestent que difficilement, afin qu'en lassant long-tems l'exorciste, ils l'obligent à cesser ses fonctions, ou pour qu'il paroisse que le malade n'est point tourmenté par le Démon : ils se cachent quelquefois après s'être manifestés, et ils laissent le corps du malade sans le faire souffrir, afin qu'il paroisse qu'il est entièrement délivré ; mais l'exorciste ne doit point, sur ces apparences, abandonner le malade et cesser ses fonctions jusqu'à ce qu'il ait aperçû les vrais signes de sa délivrance ; quelquefois aussi les Démons font tout ce qui leur est possible pour empêcher que le malade ne se soumette aux exorcismes, ils tâchent même de lui persuader que ses infirmités sont naturelles : ils font quelquefois dormir le malade au milieu de l'exorcisme et lui font voir quelques visions en se retirant afin que le malade paroisse délivré ; d'autres fois, les Démons déclarent que c'est un maléfice qui a été fait, par qui il l'a été, et la manière de le détruire ; mais il doit bien prendre garde de ne point avoir recours aux Magiciens ou aux Sorciers pour se faire guérir, eu à d'autres qu'aux Ministres de l'Église, et de ne se servir pour cela d'aucune superstition ou d'autre moyen illicite, Le Démon quelquefois laisse en paix le malade et lui permet de recevoir la sainte Eucharistie, afin qu'il paroisse qu'il s'est retiré : enfin le Démon pour tromper l'homme se sert d'une infinité de fraudes et d'artifices contre lesquels l'exorciste doit être extrêmement sur ses gardes pour ne pas s'y laisser surprendre.

« Pour cet effet, se souvenant de ces paroles de notre Seigneur, qu'il y a un genre de Démons qui ne se chasse que par la prière et par le jeûne, il doit autant que faire se pourra employer surtout ces deux remèdes, soit par lui-même ou par d'autres personnes pour obtenir le secours divin, et pour chasser les Démons à l'exemple des Saints Pères.

« L'Énergumène ou l'obsédé doit être conduit dans une Église, si l'on le peut commodément, ou dans quelque autre lieu pieux et honnête, éloigné de la multitude pour être exorcisé ; mais s'il est malade, ou d'une condition distinguée, ou qu'il y ait quelque cause raisonnable, on peut l'exorciser dans sa propre maison.

« Si le possédé est sain de corps et d'esprit, on doit l'avertir de prier Dieu pour lui-même, de jeûner et de se confesser et communier souvent, surquoi il suivra les conseils de son Directeur, et dans le tems qu'on l'exorcise, il doit se recueillir totalement en élevant son cœur et son esprit vers Dieu, lui demandant sa délivrance avec une ferme foi et une grande humilité, et lorsqu'il est le plus violemment tourmenté, il doit souffrir avec patience, sans jamais perdre l'espérance au secours divin. Il faut qu'il ait dans les mains ou devant lui un Crucifix : on posera pareillement avec vénération sur la tête ou sur la poitrine du possédé des Reliques des Saints, si l'on peut en avoir, après les avoir décemment liées et couvertes ; mais on doit prendre garde que les choses Saintes ne soient traitées indignement, et qu'elles ne soient point exposées aux irrévérences et aux insultes des Démons. Pour ce qui est de la très-sainte Eucharistie, il ne faut point la mettre sur la tête du possédé ou sur quelqu'autre endroit de son corps pour éviter l'irrévérence qui en pourroit arriver.

« L'exorciste ne doit point s'étendre en grands discours, ni faire des interrogations curieuses ou superflues, principalement pour ce qui regarde les choses futures et cachées, et qui ne regardent pas son ministère ; mais il doit commander à l'esprit impur de garder le silence et de répondre seulement quand il sera interrogé ; on ne doit pas non plus l'écouter ni le croire quand il diroit qu'il est l'âme de quelque Saint, de quelque défunt ou un bon Ange.

« Mais les interrogations nécessaires sont de lui demander le nombre et le nom des esprits qui possèdent la personne, depuis quel tems, quelle est la cause de leur entrée, et d'autres interrogations de cette sorte : à l'égard des bagatelles, des ris et autres badineries du Démon, l'Exorciste les doit empêcher, les mépriser et avertir les assistans, qui doivent être en petit nombre, de ne point s'attacher à ces bagatelles et de ne même point interroger eux-mêmes le possédé ; mais plutôt de prier Dieu pour lui avec ferveur et humilité.

« Il fera les exorcismes et les lira avec force et autorité, beaucoup de foi, d'humilité et de ferveur et lorsqu'il apercevra que l'esprit sera beaucoup tourmenté, pour lors, il le pressera avec plus d'instance et de vigueur ; et toutes les fois qu'il verra que l'obsédé sera agité ou tourmenté dans quelque partie de son corps, ou qu'il y paroîtra quelque tumeur, il y fera le signe de la Croix et y jettera de l'eau bénite qu'il doit avoir toujours en exorcisant.

« Il doit encore faire attention aux paroles qui font le plus trembler les Démons, et les répéter souvent, et lorsqu'il est parvenu à celles de la menace, il doit les proférer souvent en augmentant toujours leurs peines, et s'il aperçoit qu'il fasse du progrès, il doit y persévérer pendant deux, trois ou quatre heures, le plus longtemps qu'il le pourra, jusqu'à ce qu'il ait remporté la victoire.

« Que l'exorciste prenne garde de donner ou conseiller aucun remède au malade ; mais qu'il laisse ce soin aux Médecins.

« Lorsqu'il exorcisera une femme, il aura toujours avec lui des personnes sages pour tenir l'obsédée dans ses agitations, et ces personnes doivent être proches parentes de la malade autant que faire se pourra : l'exorciste doit observer toutes les règles de la bienséance et avoir grand soin de ne rien dire ou faire qui puisse lui occasionner quelques mauvaises pensées, non plus qu'aux autres.

Lorsqu'il exorcise, il doit se servir plutôt des paroles de l'Écriture Sainte que des siennes propres ou d'étrangères, et il doit commander au Démon de lui dire s'il est détenu dans le corps de l'obsédé par quelque œuvre magique ou par quelques marques ou instruments de maléfice, de révéler si le possédé les a pris par la bouche, et de les lui faire vomir ; mais que s'ils font hors du corps, de relever l'endroit où ils font, afin de les brûler après qu'on les aura trouvés, L'obsédé doit aussi être averti de déclarer à l'exorciste toutes les sensations qu'il souffre.

Mais, s'il arrive que le possédé soit délivré, on doit l'avertir de bien prendre garde de retomber dans ses péchez, de peur de donner occasion au Démon de rentrer dans son corps, et que le dernier état ne fût pire que le premier.

Le Prêtre ou tout autre exorciste, après s'être dûment confessé, ou du moins après avoir détesté tous ses péchés dans son cœur et avoir célébré le saint sacrifice de la Messe, s'il l'a pu commodément, et avoir imploré le secours divin par de ferventes prières, étant revêtu de son surplis et d'une Étole violette, dont l'extrémité sera posée autour du col de l'obsédé, il le fera lier devant lui, s'il est nécessaire ; il se muniera du Signe de la Croix, lui et tous les assistans ; il leur jetera de l'Eau-Bénite, et après s'être mis à genoux, il dira les Litanies ordinaires, auxquelles les assistans répondront jusqu'aux prières qui les suivent exclusivement ; et à la fin, l'Antienne, etc.

Voici ce qu'on lit dans *Medecinæ Theoreticæ medulla* (1671) :

Méthode four connoître si quelqu'un est possédé :

« Il seroit donc ridicule d'attribuer à la nature la cause de tant et de si grandes maladies, vu que les Médecins reconnoissent eux-mêmes qu'il y a bien des maladies qui ne sont pas naturelles, ou qu'ils nomment transnaturelles, et que Fernel rapporte lui-même l'histoire d'un jeune homme que le Démon agitait par de terribles convulsions et que les Médecins essayèrent inutilement de guérir par une infinité de remèdes qui ne servirent qu'à épuiser le malade, et à déshonorer la Médecine, C'est pourquoi les Médecins doivent être jaloux de leur réputation et de l'honneur de leur art, en discernant par une connoissance véritable et certaine les Énergumènes ou les possédés du Démon, puisqu'il est du devoir d'un sage Médecin de distinguer les choses semblables de celles qui leur sont dissemblables et opposées, parce que cette prétendue ressemblance a trompé une infinité de personnes. Car c'est un déshonneur pour la Médecine que de prendre le change dans ces occasions, et un grand malheur pour les pauvres Possédés, qui ne doivent attendre leur délivrance que par les prières de l'Église Catholique, qui a le pouvoir de chasser les Démons et d'anéantir leur puissance par la force de ses armes spirituelles.

« Or, est-il que les opérations du Démon se découvrent par les organes du corps ou par les facultés de l'âme, les marques qui se manifestent par les organes sont ordinairement des aboyemens de chiens, des hurlements de bêtes sauvages, un regard furieux qui fait souvent horreur aux spectateurs, une faim tout à fait dévorante, où canine, un excès ou une gourmandise excessive de manger, une horrible manière de tirer la langue, un grincement de dents, une contorsion de l'épine du dos, une manière de se vautrer très-indécente, une fureur de se briser contre terre, une agitation dans toutes les parties du corps, une élévation ou suspension du corps en l'air sans appui : enfin, une si grande privation de tout sentiment qu'ils ne sentent pas les piqûres des aiguilles et qu'il n'en sort pas une goutte de sang.

« Je vous avoue que ces marques sont d'un grand poids sur les Esprits, et qu'elles paroissent prouver la vexation ; mais comme il y a dans le corps de certaines indispositions, et de certains états qui produisent de pareils Symptômes, telles que font la fureur utérine, une affreuse mélancolie qu'on appelle Lycanthropie, l'Érotique ou suffocation de matrice, de peur de nous tromper par la ressemblance dans une chose si difficile, nous devons examiner soigneusement les marques qui se prennent du côté de l'Esprit du malade, pour affirmer notre connoissance, et la rendre certaine par le concours de plusieurs marques. Or, ces marques sont au nombre de trois, sçavoir : la révélation des choses secrètes et cachées, la science des langues étrangères et une véritable habileté, ou l'art d'écrire, de lire, et de chanter sans l'avoir appris par l'étude ni par le travail.

« Si quelqu'un donc révèle des choses cachées qui soient au-dessus de la connoissance des hommes, ou des secrets que la volonté humaine n'ait pas encore manifestés par des actions telles que sont les pensées et les intentions, ou des choses qui sont encore dans les entrailles de la terre, il faut attribuer tout cela au Démon, qui, n'ayant pas perdu par sa chute les dons naturels, mais seulement les grâces gratuites, sçait tout le passé, et prévoit bien des choses futures en tant qu'elles dépendent d'une volonté qui suit la disposition et le penchant du tempérament. La science des langues et des arts inconnus n'est pas une marque moins certaine, parce que l'Esprit humain ne sçauroit avoir d'idée, ni parler d'une chose qu'il n'a pas apprise suivant cet axiome qu'il n'y a rien dans l'entendement que par l'entremise des sens, notre âme n'aïant en elle aucune idée ou connoissance purement naturelle ; car, quoique plusieurs personnes assurent avec Lemnius que l'âme, étant comme ensevelie dans la matière, et accablée sous le poids des humeurs, se développe, et fait paroître ses forces, soit par l'inflammation des Esprits, ou par l'agitation des humeurs, et qu'elle parle pour lors une langue inconnue aux malades, et que cela se fait à peu près comme quand on fait sortir du feu d'une pierre à fusil, ou comme des choses extraordinaires que l'yvresse produit dans les yvrognes, je ne puis certainement admettre cette expérience : car si elle étoit véritable, on seroit plus redevable à la maladie qu'à la santé, et un dérangement ou une inflammation des Esprits seroit préférable à un bon tempérament : ce qui est une absurdité qui répugne aux maximes du Christianisme. Car si notre âme possédoit tous les arts et sçavoit toutes les langues avant l'usage de raisojn, il s'ensuivroit qu'elle seroit plus ancienne que le corps, et qu'avant leur union elle auroit subsisté quelqu'autre part, et par conséquent qu'il n'y auroit plus de science, mais seulement une réminiscence ; or, il est certain que toutes les vertus qui dépendent de l'âme ont leur commencement et leur progrès.

« Mais, outre les marques ci-dessus, nous pouvons du propre fonds de la Médecine tirer deux autres marques très convaincantes pour distinguer sûrement une maladie causée par le Démon d'une maladie purement naturelle. La première est qu'il n'y a point de maladie naturelle un peu considérable qui n'altère évidemment la santé, qui ne diminue les forces, et qui ne laisse quelques vestiges après la violence de ses accès, au lieu que l'Énergumène, au sortir des plus violentes agitations, se trouve tout d'un coup tranquille, et paroît sain comme auparavant sans aucun changement de couleur dans le visage et dans ses actions, ni aucune observation dans son tempérament. La seconde marque est que toutes les maladies naturelles durent un certain temps, qu'elles ont leur commencement, leur progrès, leur force et leur déclin, qui font tous les degrez de chaque indisposition naturelle : mais au contraire les souffrances des Énergumènes les saisissent tout d'un coup d'une manière étrange, et cessent dans le moment ; et si elles reviennent après certains intervalles, on ne sçauroit en fixer le cours ni les moments comme on a coutume d'observer dans les accès des maladies les plus violentes, et les douleurs les plus aiguës.

Au reste, je ne sçaurois approuver le sentiment de ceux qui croyent que dans la Lycanthropie ou le Loup-garou (comme l'appelle Avicenne) et autres semblables maladies, les hommes soient réellement changés en Loups, car, quoiqu'on leur remarque alors une rage ou une fureur de Loup, ils ne perdent pas pour cela leur qualité essentielle d'homme, laquelle ne peut agir dans le corps d'une bête privée des organes convenables à ses opérations, et la métamorphose de certaines personnes citée par ces auteurs ne prouve rien ; car ce changement prétendu de figure doit passer pour une illusion causée par la Magie par l'entremise du Démon qui a coutume de tromper les hommes dans ces occasions, soit en formant un corps d'air, ou en substituant un Loup véritable pour lui faire exercer sa fureur, et jeter des hurlemens effroyables. »

… Aujourd'hui, l'on traite les possédés d'« hystériques », on les envoie dans des asiles, et on ne les guérit pas. Jadis, on traitait les hystériques de « possédés », on les exorcisait, et on les guérissait, Être possédé, n'est-ce pas être en la possession de quelqu'un, du Démon, n'est-ce pas être habité par lui ?

Parlant du Shatanisme, nous ne pouvons passer sous silence le *Sabbat*.

Qu'est-ce que le Sabbat ? L'on nous permettra de ne pas prendre à la lettre tout ce que la légende raconte. C'est, peut-être, quelque chose comme une foire où se réunissent les shatanistes, les sorciers, les détraqués, les curieux d'aberrations, de miracles, d'enthousiasme et de messe noire, les éthéromanes, morphinomanes et autres, car l'on y célébre la messe noire, et Shatan lui-même officie !

Voici la formule de l'onguent dont se servaient les sorciers pour aller au Sabbat :

« Dans un vase bien couvert mettre :

« Axonge, 100 grammes.

« Haschisch, 5 grammes.

« Fleur de chanvre, fleur de coquelicot, de quoi remplir le vase.

« Racine d'ellébore, une pincée.

« Graine concassée de tournesol, une pincée.

« Laisser le tout, bien couvert, sur le feu, au bain-marie, pendant deux heures, puis, passer au clair en retirant du feu.

« Le soir, avant de se coucher, se frotter avec cet onguent derrière les oreilles, descendre sur le cou, le long des carotides, puis, sous les aisselles et la région du grand sympathique vers la gauche ; graisser, de même, les jarrets, la plante des pieds, les saignées des bras et des poignets. Se coucher. »

SABBAT !

Il vient de pleuvoir. Une fraîche odeur de terre mouillée s'exhale. Les feuilles luisantes dégouttent. Une grande paix règne maintenant, Les prairies vont pouvoir s'endormir. Pourtant quelques oiseaux, joyeux de la fin de l'orage, se remettent à jeter des petits cris, comme au commencement de la journée. Le soleil, aussi, ne peut se décider à attendre le lendemain pour reparaître : sa boule rouge, aveuglante, dissipe les nuages, éclate parmi le vert-nil, le jaune-cuivre, le rouge-écarlate. Et tout s'assoupit, s'éteint dans une mélancolie infiniment douce.

Une étoile luit, puis une autre, puis beaucoup, Par l'immense silence de la campagne neuf heures sonnent là-bas, au vieux clocher.

Un appel bizarre a retenti, une voix qui n'est pas une voix, un son qui n'est pas un son, un souffle qui n'est pas un souffle, Et d'étranges ombres passent dans la nuit, des loques, des figures, des monstres, des boucs si rapides qu'à peine on les devine. Les arbres tremblent, les feuilles frissonnent, et l'on ne sent le moindre vent, l'eau de la mare bouillonne, et nul poisson ne l'agite, les fleurs se ferment, se dissimulent sous l'herbe, et nulle main ne les touche, les petits oiseaux se resserrent les uns contre les autres, et nul froid ne les glace. Seul, un gros corbeau croasse gaiement, aussi gaiement que le peut un corbeau.

C'est l'heure de Sabbat.

Les paysans attardés aux travaux des champs excitent leurs chevaux, point soucieux de rencontrer l'idiot, la folle, celle qui rampe, le bossu, celle qui bégaye, celle qui a un bec de lièvre, l'aveugle, les monstres du village, ceux qui vont au sabbat, et ils se signent largement en passant devant le calvaire.

… Sabbat ! Sabbat ! La nature entière est à tes invités. Quel remue-ménage ! Que de personnes, que d'animaux conviés à la fête ! Shatan donne, ce soir, une grande réception ! Et quels équipages baroques, quelles montures fantastiques ! Voici les sorciers riches, les princes, les grands ducs, les parvenus, sur d'énormes boucs aux cornes dorées, à la barbe bien peignée ; en voici d'autres, moins magnifiques, sur le cheval de l'Apocalypse ; en voilà qui font des économies, qui sont trois sur le même bidet ; ceux-ci s'accrochent à une grenouille plus grosse qu'un bœuf, ceux-là — les pauvres ! — ont simplement enfourché un manche à balai, un bâton. Il en est, même, qui volent sans aide.

Mais, tous emportent quelque chose pour le Maître. Ce ne sont pas, d'ailleurs, les choses les plus somptueuses qu'il préfère : il méprisera la bourse de deniers et sourira au crâne ou au nombril d'un enfant, à une chandelle noire, à un pot de graisse de pendu, à une fiole de morelle distillée, il ne voudra point entendre les vibrations d'un stradivarius, mais il se délectera au bruit de casseroles frappées l'une contre l'autre.

Cette nuit, rendez-vous dans la clairière où l'herbe pousse épaisse, grasse, où elle ne repoussera jamais. Ah ! elle est luxueusement installée : des grosses pierres — des dolmens — ont été amenées qui serviront de tables. Les chats grimpent dans les arbres pour éclairer de leurs yeux.

Déjà, le lieu s'anime, presque tous les invités sont là, on sait que Shatan n'aime pas attendre.

On rectifie la toilette, c'est-à-dire on se déboutonne, on met ses vêtements à l'envers, on les lacère, on se coiffe d'une façon grotesque ; ou bien on fait la leçon aux enfants, on leur explique que dès que le Maître aura paru, dès qu'ils se seront bien repus de sa sublime Majesté, ils devront discrètement s'armer de baguettes, conduire à la mare ces belles grenouilles qu'ils voient habillées de velours vert, avec des collerettes bien tuyautées et des grelots sonnant joyeusement, et ne pas s'efforcer de regarder ce que feront leurs parents. S'ils sont sages, ils auront un morceau de la galette du Sabbat, de la bonne galette de millet noir.

Les derniers invités sont arrivés.

Tout à coup, il se fait un grand silence. Shatan apparaît.

Il apparaît en forme d'un énorme bouc ailé, orné d'une longue queue, à pieds et mains d'homme, avec, entre les cornes, une flamme verte qui sert d'auréole. Il est accompagné d'un nombreux cortège de feux follets et de démons. Gravement, il fait le tour de l'assemblée. Puis, il s'assied sur la plus grosse des pierres, et commande d'amener ceux qui désirent être reconnus pour sorciers.

Tremblants d'émotion, sous les quolibets et les injures de la foule, les postulants avancent. Chacun doit abjurer sa foi et le baptême chrétien, répudier le patronage de la bienheureuse vierge Marie, renier tous les sacrements de l'Église et fouler aux pieds la Croix et les Saintes Hosties que des sorcières ont apportées dans leur bouche ; s'obliger par serment solennel à être perpétuellement fidèle et soumis à Shatan, obéir à tous ses mandements ; sur les Écritures, c'est-à-dire sur un grand livre à pages noires et obscures, prêter serment de vasselage éternel ; jurer qu'il viendra toujours et sans retard aux assemblées quand il y sera convié, qu'il y fera ce que font les autres sorciers, qu'il tâchera d'amener autrui en la créance de Shatan.

Alors, le Maître le rebaptise, lui donne un autre nom, de nouveaux parrain et marraine, et lui imprime de ses ongles une marque sur l'épaule.

… Le Sabbat va commencer.

Au son de hautbois criards, une longue théorie se développe : borgnes, bossus, boiteux, culs-de-jatte, démons, bêtes, gens, tout cela forme une effroyable sarabande, des rondes où les danseurs se tournent le dos (car, certaines sorcières viennent incognito, des reines, des princesses, Mme de Montespan). La cohue grouille hideusement, les uns sont en l'air quand les autres sont en bas, il n'est permis à personne d'être fatigué, vieux et jeunes doivent sauter, se tortiller, se disloquer, des petits démons secouent rudement ceux qui se laissent tomber, les rejettent dans la bacchanale, les faces dégouttent de sueur, les yeux deviennent hagards, les langues pendent, Shatan ne permet pan encore de s'arrêter, il permet seulement de chanter, et les sorciers crient : Har ! har ! Diable ! Diable ! faulte ici ! faulte-là ! jouë ici ! joue là ! Sabbat ! Sabbat ! Ah ! Ah ! Philippe ![2]

Enfin, le Maître lève un doigt : c'est l'instant du banquet.

Nos gens se précipitent vers les grosses pierres, y prennent place.

Maigre festin en vérité : le vin a le goût d'encre ou de sang gâté, la viande est chair de cheval ou d'enfant. Et, naturellement, point de sel, lequel est symbole d'éternité et de sagesse. Le festin terminé, les sorcières s'accouplent et paillardent abominablement avec leurs démons.

Il s'agit, ensuite, de rendre compte à Shatan de ce que l'on a commis depuis la dernière assemblée. Tous ne sont pas très fiers, ne se confessent pas très hardiment ; ils savent bien que le Maître les punira, que les autres sorciers se gausseront joliment de ceux qui n'ont fait périr que quelques moutons, gâté que quelques champs, de ceux qui n'ont point tué d'enfants, qui n'ont même point amené des maladies aux voisins. Vraiment, c'était bien la peine que Shatan leur donnât des poudres d'où naissent des sauterelles, des limaces et autres bêtes nuisibles, qu'il leur enseignât à faire grêler, pleuvoir et tonner, à confectionner d'épouvantables poisons, à répandre l'incendie, à nouer l'aiguillette, à vanter le charme de la morphine et de la cocaïne, à tricher aux cartes !

Dame, son humeur se ressent du plus ou moins grand nombre de méchancetés commises, et son discours gronde ou félicite en conséquence — dans lequel il exhorte ses accolytes à lui demeurer fidèles, à le bien servir, à exercer le plus de mal qu'ils pourront. Enfin, il se calme, et solennellement, pour les encourager et récompenser, leur tend à embrasser les parties honteuses de derrière.

De nouveau, l'on apporte du vin à goût d'encre, et les danses reprennent : vieux et jeunes doivent sauter, se disloquer, borgnes, bossus, bêtes, gens, tout cela forme une effroyable sarabande, aux cris de : Har ! har ! Diable ! Diable !

… Et, soudain, tous disparaissent : le coq a chanté.

Dans la clairière, plus de traces du Sabbat, plus de pierres. Les bûcherons s'étonnent, seulement, de voir l'herbe roussie.

— Quelquefois, on célèbre la Messe au cours du Sabbat. Tantôt, c'est Shatan qui officie lui-même ! jour de grande fête ! tantôt c'est quelque prêtre venu sur un lutrin, Guibourg, Vintras, Boullan, Maret.

---

1. ↑ Ces esprits président respectivement aux planètes Soleil, Lune, Mars, Mercure, Jupiter, Vénus et Saturne.
2. ↑ Voir la note page 12.

IV

MES DOCUMENTS

Voici une brochure anonyme. Je regrette de ne pouvoir en donner ici la reproduction photographique : c'est une vulgaire brochure de 16 pages, sur mauvais papier, mal imprimée. Voici la couverture :

LE

DIABLE

ET SES

SUPPOTS

AU

CONGRÈS DE L'OCCULTISME

Par A. V.
Occultiste désabusé

———

PARIS, 1907.
Librairie de Propagande Catholique.

… Librairie de Propagande Catholique… Rien que cela suffit… Vous voyez l'intention… La brochure émane de Shatanistes : mais, pour la couvrir, on met : « Librairie de Propagande Catholique… » Basile et Ignace ne sont pas morts…

D'aucuns ont assuré que c'était ce B… lui-même, visé à la première page, qui avait jeté cet opuscule dans la circulation pour affirmer son omnipuissance et s'attirer quelques gogos de plus. Cette brochure ne brille ni par le côté scientifique ni par le côté philosophique. Certains paragraphes rappellent singulièrement les grimoires de colportage, le *Petit Albert, l'Enchiridion*, etc. La naïveté ne le dispute qu'à la vanité. Elles n'y sont même point servies par l'imagination : l'on n'y rencontre que quelques idées prises à droite et à gauche. Quelques lignes consacrées à la médecine montrent la parfaite nullité de l'auteur en la matière.

Une seule ligne, soulignée d'ailleurs, me paraît digne d'attention :

Si Dieu existait, il serait le génie du mal.

Ces gens-là ne nient pas le mal, donc ils accordent que Dieu (leur Dieu ! Shatan !) est le génie du mal. (C. E. F. D.)

AVANT-PROPOS

L'auteur de ces ligues est le fils d'un homme qui fut l'ami d'Alexandre Dumas et de personnalités célèbres. S'il ne se fait pas connaître autrement, c'est qu'il sait qu'il est très dangereux de se mettre sous le projectile des individus qu'il vise.

On comprendra donc la prudence qui me fait agir ainsi.

A. V.
Occultiste désabusé.

Le chef actuel du pouvoir mystérieux, caché, secret, en un mot *occulte*, qui exerce sur les hommes un pouvoir *funeste*, si *terrifiant*, se nomme B…, rédacteur en chef du *Voile d'Isis*, Il est de plus homme du meilleur monde[1], socialiste, athée, graphologue, chiromancien, magnétiseur.

Il n'a point créé lui-même cette secte méchante, subtile, qui exploite adroitement et impunément les hommes de bien ; il a seulement reçu par succession élective la science et les secrets de ses prédécesseurs, sans lesquels secrets il ne pourrait point conserver ses pouvoirs.

Il organise actuellement un Congrès de l'Occultisme, où, profitant de ses nombreuses relations dans le monde, il espère créer un mouvement dont il deviendrait le chef le plus puissant et le plus écouté. Il est associé dans cette œuvre néfaste au Docteur P…, directeur de l'*Initiation* et auteur de la *Magie pratique*, monsieur dont la réputation surfaite et la moralité professionnelle font la joie de tous ceux qui le connaissent. Ces deux messieurs sont aidés dans leur œuvre ténébreuse par un tout jeune homme, nommé M… auteur d'un miroir magique, véritable œuvre de *Belzébuth* et dénommé prétentieusement le *Visionomos*, il est également l'auteur d'un procédé de divination dit la *Visionomonie*.

Ces trois suppôts de Satan s'entendent à merveille pour faire le mal, mais si le dernier nommé est encore peu méchant, tout en étant le digne élève de ses maîtres, le second l'est terriblement, tandis que B… est le crime en personne.

⁂

Cette secte existe depuis les premiers âges du monde, se basant sur la tradition Hébraïque. Les dieux Païens, Saturniens et Jupitériens, furent les dieux mystérieux des criminels. Le Léviathan, précurseur de Job, fut également l'un de ses chefs. Satan, prince des ténèbres, contre lequel Jésus-Christ s'élève si souvent, dirigeait, de son temps, la société secrète des criminels. Enfin, lorsque le peuple parle du Diable, il fait allusion, sans s'en douter, à cet être mystérieux, à ce chef honteux des méchants.

Ainsi B... est le chef réel de la secte secrète des méchants. Il est le serviteur du Diable de notre époque. Il est aussi *Adepte,* c'est-à-dire grand Initié, ce dont il ne se vante guère.

Le diable est un homme qui boit et mange comme tous les humains. Il vit au milieu de nous, mais il cache avec soin son titre de chef du pouvoir honteux. Il exerce le pouvoir avec tant de mystère, que le peuple ignore que certains des maux dont il souffre et qui l'accablent sont préparés par lui« Mais ce diable rejette ses crimes tantôt sur les Jésuites, tantôt sur les politiciens[2] selon les événements et les circonstances, afin que le peuple ne songe jamais à remonter jusqu'à lui. Le peuple sait cependant que l'influence des Jésuites et des politiciens disparaît tout à tour, et que les grands crimes se renouvellent sans cesse.

LA SCIENCE DU DIABLE

Les bases de cette science sont l'*ambroisie*, les *poisons lents* et le *télégraphe merveilleux*.

L'Ambroisie

Dans les temps anciens, les chefs du pouvoir occulte prenaient le nom de Jupiter ; les membres principaux de la secte secrète s'appelaient autrefois demi-dieux ; leurs femmes se nommaient Nymphes ou déesses, selon leur importance[3]. Mais les lumières modernes les ont fait déchoir, et B… n'est plus que le génie impuissant du mal, le diable, l'antique serpent, le père du crime, obligé de cacher avec soin ses actes, pour les soustraire à la justice des hommes.

Cependant B… possède les secrets des dieux de l'Olympe et les traditions hermétiques, Il peut préparer tous les jours le breuvage appelé *ambroisie*, breuvage qui donne l'ivresse lubrique. Sous son influence, tous les hommes sont encore jeunes, toutes les femmes paraissent belles. Les dévoués obéissent en aveugles aux ordres les plus injustes, pour satisfaire son pouvoir.

Un certain nombre de serviteurs du pouvoir honteux se trouve habituellement sous l'influence de ce breuvage, dont se ressentent leurs pensées et leurs paroles. Pour être tolérés dans la société des honnêtes gens, ils ont adopté un langage qui n'est intelligible que pour eux, à l'aide duquel ils expriment les impressions, les passions qui les débordent. L'argot qui leur est particulier gaze avec soin leurs discours.

Leur pensée intime se traduit par les demi-mots, par des phrases incorrectes dont les honnêtes gens cherchent vainement la signification.

Dans la conversation, les serviteurs et les servantes du diable rapportent tout à un seul et même acte, à un seul et même organe, en donnant aux mots un sens connu d'eux seuls.

La communauté des femmes est admise en fait et secrètement parmi les membres de la secte des méchants. La Bible dit que les serviteurs du pouvoir mystérieux trouvèrent belles les *femmes* des hommes, et ils prirent celles d'entre elles qui leur plurent. On ne peut tout écrire ; on laisse toujours quelque chose à deviner.

Si les maris, si les mères de famille savaient tout ce que peut la lubricité du diable et de ses serviteurs, leurs cheveux se dresseraient sur leurs têtes. On se souvient des scènes nocturnes et mystérieuses qui se sont passées l'année dernière dans un pensionnat de jeunes personnes, et qui ont semé l'émoi parmi tous les habitants d'une grande cité.

Le délire des serviteurs et des servantes du pouvoir honteux est tel que leurs propres actes ne leur suffisent point ; leur imagination éprouve encore le besoin de se repaître des passions qui agitent, loin d'eux, les héros et les héroïnes vivants de la Société occulte.

L'Ambroisie, prise avec modération, est bienfaisante, mais l'abus en est funeste. Tous les diables en fournissent la preuve. Il leur arrive souvent de se trouver honteux du rôle qu'ils jouent. La vie leur est en horreur ; alors, ils cherchent un palliatif, ils abrègent ainsi leurs jours, car, quoique taillés en hercules, ils conservent rarement le pouvoir au-delà de la période de vingt ans.

Les Poisons lents

Le chef de la ligue des criminels connaît, avec précision, l'art d'administrer les poisons lents.

À l'aide de ses nombreux serviteurs, il peut les introduire partout, dans les aliments, dans les boissons de qui bon lui semble. Cela paraît incroyable, mais cela est et sera tant qu'on ne voudra pas s'assurer de cette effrayante vérité,

Le diable peut faire périr une personne à la minute fixée ; il peut lui donner la goutte, le rhumatisme, le choléra, enfin toutes les maladies infectieuses. Il peut, dans certains maux, faire ce qu'il veut, comme quelques mendiants qui entretiennent à volonté leurs ulcères. Les malheureux, ainsi torturés, se nommaient autrefois possédés ; aujourd'hui, on les appelle maniaques, hypocondriaques, hystériques ou fous. Le public ne peut point croire qu'un homme se plaise à torturer un autre homme, chaque jour, et qu'il puisse en venir à bout ; il sait qu'il y a quelques empoisonneurs, mais il les croit beaucoup moins nombreux que ce qu'ils sont en réalité. Cependant, en se rappelant que de ces cas nombreux ne sont reconnus qu'après l'exhumation des victimes, il devrait s'opposer à ce qu'un certain nombre d'empoisonnements demeurent toujours ignorés. On devrait donc analyser les intestins et les viscères de toutes les personnes qui meurent avant la vieillesse, et l'on resterait frappé de stupéfaction à la vue de la perversité des hommes, de l'audace du diable et du grand nombre de ceux qui succombent par les poisons lents. Lorsqu'une personne éprouve, tantôt le malaise, tantôt le bien-être, puis encore le malaise, un jour, elle est bien portante, le lendemain elle est indisposée, eh bien ! à chaque nouvelle douleur, venant après l'intervalle d'un jour, elle a pris, sans s'en douter, une dose légère de poison.

Si les serviteurs du diable donnaient toujours les mêmes poisons, le public en voyant revenir sans cesse les mêmes symptômes concevrait des soupçons, mais Satan est adroit, et, les poisons étant très nombreux et très variés, il n'a que l'embarras du choix, et fait mourir les gens par une infinité de maladies très différentes les unes des autres, et ainsi, il entretient le public dans cette fatale erreur que les morts sont naturelles.

Depuis quelques années, toutes les sciences ont fait d'immenses progrès, la médecine seule est restée stationnaire, parce que le chef du pouvoir mystérieux le veut ainsi, Le cas contraire, il ne pourrait pas faire mourir à son gré des milliers d'individus.

Au surplus, un grand nombre de découvertes utiles sont escamotées au public ; il ne connaît que celles qui pour lui n'ont aucune utilité.

Lorsqu'un savant fait une découverte susceptible de compromettre le pouvoir honteux, le chef se l'approprie soit en achetant ce secret, soit en faisant périr l'auteur. Le fameux Bichat, qui Voulait recréer la médecine, est mort à trente-trois ans.[4]

Remèdes héroïques

Avec l'ambroisie, le diable possède une infinité de recettes merveilleuses pour guérir, avec certitude, les infirmités humaines. C'est à lui, par l'intermédiaire de ses suppôts, que l'on doit attribuer ces cures merveilleuses, ces prodiges consignés dans les ouvrages historiques.

Il peut guérir, sûrement et en un moment, le rhumatisme, la goutte, le flux de sang, les dartres, les ulcères et les maux sans nombre qui sont le cortège de l'humanité, placé sous l'influence du principe du mal.

Satan connaît les substances qui donnent le contentement, la force, l'activité. Il peut donner à un homme les qualités intellectuelles, la présence d'esprit, l'imagination, le discernement. Il peut rendre am homme tempérant, ferme, généreux ; il peut porter les hommes au mépris de la mort, à la fureur, à la cruauté. Enfin, toutes les parties du corps sont soumises au chef mystérieux, en ce sens qu'il peut développer tel organe au détriment de tel autre, et lui donner toutes les perfections physiques dont il est susceptible.

Télégraphe merveilleux

Ce télégraphe est la merveille des merveilles. Si l'œil de l'homme distingue les objets peu éloignés, son oreille entend les bruits rapprochés ; l'œil du télégraphe merveilleux, mieux que la télégraphie sans fil, perçoit les sons qui s'élèvent par delà les mers. Cet instrument dévoile à l'observateur tous les secrets de la création et une infinité de connaissances que celui qui n'est point initié peut à peine concevoir. Ainsi, comme l'électricité pénètre avec l'air dans les poumons, le diable peut lire la pensée des autres, mais personne ne connaît la sienne.

Malheureusement pour le genre humain, celui qui a découvert cet instrument était un être méchant ; et il s'en est servi pour dominer les hommes, les exploiter, en organisant au milieu d'eux une secte méchante comme lui.

Enflé de la supériorité que son télégraphe lui donne sur les autres hommes, il a voulu que ses serviteurs l'appelassent le grand des grands. C'est à lui que font allusion ceux qui citent ces paroles : *Si Dieu existait, il serait le génie du mal.*

À l'aide du télégraphe merveilleux, le diable et ses suppôts ou serviteurs immédiats peuvent transmettre des ordres en Europe, en Asie, en Afrique, en Amérique, et recevoir en un moment la réponse ; ils peuvent communiquer avec un homme, dans un salon, sans que les personnes présentes s'en aperçoivent, en lui envoyant comme le reflet de leur pensée, C'est à l'aide de cet instrument que l'on communique aux somnambules et aux cataleptiques cette espèce de divination que l'on remarque parfois chez eux ; « cet appareil, qui de tout temps fut employé par eux, était bien connu des grands Initiés du temple de Mithra, M… vient de reconstituer un appareil à peu près semblable qui donne des résultats merveilleux et dont ses trois suppôts se servent afin d'être constamment en accord », Ce télégraphe peut faire entendre, au milieu des forêts et de la solitude, les paroles extraordinaires, les voix mystérieuses qui ont occupé les historiens de tous les temps.

Lorsqu'un Initié dit à une autre personne : Avez-vous vu la lumière ?[5] il fait allusion à la lumière du télégraphe merveilleux.

Ces suppôts de Satan, peuvent donc quelque chose par eux-mêmes ; tels des magiciens, ils commandent à l'invisible, au moyen de certains pantacles et de formules chimiques ; ils arrivent à bouleverser le monde ; chevaliers de la mort, ils sèment la ruine et la tristesse partout où ils passent, tels des vampires, ils ne peuvent se passer de victimes ; point n'est besoin pour eux dans leurs évocations de cercles, de costumes, de lieux spéciaux, quelques parfums, baguettes, couteaux, employés sur un rite spécial, sont tout leur arsenal. Savoir, vouloir, oser et se taire, telle est leur maxime.

A.-V.

. . . .

Il faut avouer que c'est là un prospectus merveilleusement élucubré, et qui laisse bien loin les réclames américaines. Cela vaut le style des spirites, successeurs directs des nécromanciens.

Mes documents sont authentiques.

Je pourrais presque dire « uniques ».

Comment je les eus ?

Bien simplement, ma foi… Par l'intermédiaire d'un journal d'occultisme qui publiait des articles et consultations signés « Chanoine X ». C'était un miroir à alouettes, à Shatanistes. Dès l'apparition du premier numéro, nombre de lettres tombèrent au journal, plus extraordinaires les unes que les autres.

Lettres d'injures, de menaces ; « Votre revue sent le fagot ! Au Moyen-Age, on vous aurait brûlé ! Aujourd'hui, on ne peut que vous cracher son mépris au visage ! Vous serez damné ! Chanoine de malheur ! Enfer et damnation ! » « Comment les Tribunaux vous laissent-ils faire ? Je vous dénonce au Parquet. Vous irez en prison ». « À envoûteur, envoûteur et demi. Nous verrons bien le plus fort ! Je commence l'opération demain, je la continuerai tous les vendredis à 4 heures du matin. Vous voilà prévenu ! » « Prêtre du diable, il faut enduire ta défroque de soufre, et te plonger dans un brasier ! » « On te cassera les reins, fais attention à ta peau ! » Dans plusieurs, le mot de Cambronne s'étalait en toutes lettres !

Certains journaux s'en mêlèrent. Je n'ose, par peur de poursuites pour outrage aux bonnes mœurs, reproduire intégralement certains articles. Leur ton rappelait celui de *La Croix* lors de l'attentat contre Me Labori au moment de l'affaire Dreyfus. Et ce ne furent pas seulement des journaux français, ce furent, aussi, des feuilles italiennes, espagnoles, etc.

D'un journal français (et spirite) :

Un scandale. Un journal ; si l'on peut appeler ainsi un torchon, publie actuellement une série de chroniques (?) dont la moindre mérite le châtiment le plus sévère. Un Gouvernement trop bienveillant a supprimé le crime de lèse-religion, il faut le rétablir, il faut permettre à la Justice d'enfermer sur-le-champ le personnage immonde qui élucubre ces saletés. On interdit l'apologie de l'anarchie et on toléré l'apologie du crime. Car, c'est le crime que prêche cet homme épouvantable, mieux que le crime, la corruption de la jeunesse, de tout le pays ! Il sème à plaisir le germe de l'infection, de la pourriture, la mouche charbonneuse dépose ses ordures partout. Où allons-nous ? Si la Justice ne veut pas s'en mêler, nous saurons bien arrêter le scandale ».

Lettres ironiques : « Doux chanoine, je suis belle, je suis grande, je suis riche, j'ai vingt-cinq ans. Eh bien ! fais-toi aimer, homme tout-puissant ! Tu connais tous les secrets pour se faire aimer. C'est le moment d'en user ! Je suis riche !! Tu aimes l'or, n'est-ce pas ? tu sais, ce bel or qui permet toutes les jouissances ! même celles du Shatanisme ! Fais-toi aimer, que Diable ! », « Eh mais, ils sont fort bien vos articles t J'ai envie de me faire shataniste, savez-vous ! (shataniste avec un h !). Combien coûte l'initiation ? Croyez-vous que cent mille francs suffiraient ? Je ne vous les payerais pas tout de suite ; seulement, comme vous enseignez l'art de gagner aux loteries nous pourrions partager les gains !! ». « Bigre ! Vous êtes un homme puissant ! Vos maîtresses ne doivent pas s'embêter. Venez donc me visiter une de ces prochaines nuits en incube. Je vous payerai en monnaie de succube ». a Monsieur le Chanoine, je vous soupçonne de prendre trop d'apéritifs. Trois ou quatre par jour suffiraient ».

Lettres de shatanistes shatanisant ou d'apprentis shatanistes : « Je voudrais de l'eau bénite : combien vendez-vous le litre ? Pouvez-vous aussi me vendre des hosties que vous garantirez consacrées ? »

Des collections de ces lettres, bien entendu, concernaient la messe noire. Nous en reparlerons. Encore des épîtres de shatanistes : « J e voudrais porter la signature du Diable. J'ai lu qu'il signait ses élus. Comment dois-je m'y prendre ? Je voudrais qu'il m'imprimât sur l'épaule sa griffe, je voudrais une patte de lièvre, Dites-moi bien tout ce qu'il faut faire, n'oublie» aucun détail. Vous me direz ce que j e vous dois pour ces renseignements ». « Mon père est vieux, riche ; je suis jeune, pauvre. Ne pourriez-vous le faire mourir par envoûtement ? »

Très demandés les envoûtements ! « C'est un homme auquel je veux le plus de mal possible. Il doit mourir dans la huitaine et parmi les plus affreuses souffrances. Combien me prendrez-vous ? Je vous verserai la moitié comptant, la moitié à la mort de la personne. Mais, je veux qu'il souffre beaucoup ». « Il faudrait que ma cousine mourût tout doucement, à petit feu : comme ça, on ne soupçonnerait rien. Seulement, il faut qu'elle meure au printemps. Ça j'y tiens parce que, cet été, je veux aller dans son château dont j'hériterai à sa mort. Je pourrais, si vous acceptez, vous donner le dixième de l'héritage. Pour l'instant je n'ai rien ». « Monsieur le Chanoine, j'ai un amant que j'adore, et mon mari ne veut pas divorcer. Il me fait des scènes perpétuelles ; hier, il m'a giflée. Il est d'une jalousie insupportable, il ne comprend rien. Je ne veux plus vivre avec cet homme. Il faut me débarrasser de lui. Au nom de Shatan, je vous en supplie. Par Shatan il doit mourir. Quand et où puis-je vous voir ? Vous me dire» ce qu'il faut faire. Combien je vous serais reconnaissante si vous arriviez à un bon résultat ! ». « La guillotine est un instrument barbare, sale, indigne de notre civilisation. Pourquoi ne pas faire périr tout simplement par envoûtement les condamnés à mort ? ». « Pourquoi n'envoûtez-vous pas l'empereur d'Allemagne ? il nous flanquerait la paix avec le Maroc ! »

Des lettres parlant de l'incubat et du succuh bat : « Depuis l'âge de vingt ans, je suis épris de Mme de Montespan. Ne pourriez-vous … » Un autre veut la du Barry, celle-ci Henri IV, celle-là César ! Bigre… Certaines lettres demandent des choses que je ne puis vraiment répéter…

Mais les plus intéressantes sont celles qui émanent de prêtres, de prêtres authentiques. Quelques-unes dénotent chez leurs auteurs une connaissance approfondie de la théologie et de la philosophie, elles discutent fort savamment les points les plus ardus, elles expliquent pourquoi tel acte, tel geste n'est point shatanique tandis qu'au contraire tel autre... Un prêtre (encore une fois authentique, curé d'une paroisse connue, et nullement « habitué ») nous a envoyé un catéchisme shatanique fort complet : rien n'y manque, prières, ordinaire de la messe, des diverses cérémonies, etc, Ce catéchisme imprimé, tiré à 100 exemplaires, non mis dans le commerce, sans nom d'éditeur, constitue un document d'un puissant intérêt pour l'étude du Shatanisme.

... Il faut savoir lire les petites annonces et là petite correspondance des dernières pages des quotidiens. La Sûreté sait les lire, elle ne s'y trompe pas, elle flaire immédiatement les affaires d'espionnage, par exemple.

Lisez celles-ci, parues dans deux des plus grands quotidiens de Paris : « *Bonheur parfait, amour partagé, fascination, toute-puissance. Ecrire C. D. 139. Bureau central* ». J'ai écrit. À la 2e lettre, je me trouvais en présence d'un prêtre habitant Vincennes.

« *Science divine. Jean-Marie. Poste restante. Toulouse* ». Au bout de quinze jours « Jean-Marie » me proposait de l'eau bénite et des hosties consacrées fabriquées d'une pâte dans laquelle entraient, paraissait-il, du sang menstruel et du sperme !

« Mme X, Y, Z *connaît tous les secrets des initiés. Mme X, Y, Z, bureau 2, Paris* ». Mme X, Y, Z vend des hosties consacrées qu'elle vole en allant communier dans le plus d'églises possible, c'est-à-dire qu'elle garde dans sa bouche au lieu de les avaler et dissimule, ensuite, dans son mouchoir.

Êtes-vous convaincus, maintenant, que le Shatanisme est plus vivace que jamais ?

Il l'est d'autant plus qu'aujourd'hui les shatanistes jouissent de la plus parfaite impunité.

Seul, le clergé catholique les combat. Mais, outre que ses armes sont parfaitement impuissantes, elles se retournent contre lui dans leur exagération. Il faudrait combattre discrètement et non bruyamment. Les combattre ouvertement c'est leur faire de la réclame, c'est tenter. Cela ressemble à la lutte contre la pornographie : en dénonçant à grand fracas certains articles, certaines gravures, on leur fait une excellente réclame, on en accélère la vente.

Que de gens deviennent shatanistes par curiosité ! que de gens essayent de la morphine ou de la cocaïne simplement parce qu'ils en ont entendu parler, pour voir ce que c'est ! En cherchant un peu, on trouve des prêtres vendant des hosties et célébrant des messes noires, comme on trouve des pharmaciens vendant de la cocaïne et de la morphine.

Il y a des messes noires pour toutes les bourses, depuis cinq francs (oui ! depuis cinq francs !) jusqu'à… Dame ! on en a pour son argent ! Mais, n'y a-t-il pas, aussi, des messes ordinaires pour toutes les bourses ? La seule différence : il y a des messes ordinaires gratuites, il n'y a pas, je le crois du moins, de messes noires gratuites.

---

1. ↑ Ces mots feraient, en effet, croire qu'ici l'auteur se désigne lui-même. (N. D. L. A.)
2. ↑ Parmi les politiciens il y a, pourtant, des francs-maçons ! (N. D. L. A.)
3. ↑ L'auteur devrait bien indiquer les sources de cette fantastique mythologie. (N. D. L. A.).
4. ↑ Pasteur qui, en somme, a créé les méthodes pouvant définir les poisons lents, c'est-à-dire les toxines, est mort assez âgé ! (N. D. L. A.)
5. ↑ Mais non, il s'agit de la lumière astrale, de l'Azoth des alchimistes, de la vie, de l'énergie, cosmique dans laquelle tout baigne ! (N. D. L. A.)

V

SHATANISTES CONTEMPORAINS

Ce fut chez le maître J.-K. Huysmans que je reçus mon initiation à l'occultisme. Hum ! occultisme de mauvais aloi, je le crains, quasi-shatanique. Car, il me faut l'avouer — toutefois, que cet aveu ne diminue l'admiration que je professe pour l'écrivain et son œuvre — Huysmans fut trompé, affreusement trompé, et, jusqu'à sa mort, erra, en somme, angoissé, du Shatanisme au Mysticisme, du Mysticisme au Shatanisme. Zola porta au Catholicisme bourgeois un coup infiniment moins rude qu'Huysmans.

Huysmans avait rencontré l'abbé Boullan et hérité de ses papiers et ... de sa cuisinière — bonne à tout faire. Qu'était-ce que Boullan ? Un saint, affirme Huysmans, qui, dans *Là-Bas*, sous le nom de « Johannès », le montre exorcisant et guérissant tous les maux ; un bandit, assure Stanislas de Guaïta qui, dans *Le Temple de Satan*, sous le nom de « Baptiste », le dépeint escroc et directeur du Carmel, de ce Carmel fondé par Vintras[1] dont les membres n'ont qu'une chose en vue, leur rédemption, c'est-à-dire qu'ils ne pensent qu'à mériter le ciel, et que cette rédemption ne peut s'accomplir que par des actes d'amour — d'amour point du tout divin !

Boullan eut sur Huysmans une influence énorme, il lui fit envisager l'Occultisme d'un œil légèrement partial et s'empêtra quelque peu dans le Shatanisme et le Luciférisme.

Nous négligerons le Luciférisme qui n'a existé que dans l'imagination d'Huysmans, de Diana Vaughan et de M. Jules Bois.

Puisque nous parlons de Boullan, rappelons sa lutte avec Stanislas de Guaïta ; elle fut terrible : elle se termina par … la mort des deux ennemis ! Boullan mourut de l'envoûtement, à Lyon, en Janvier 1893, et Guaïta du choc en retour.

… Certes, le très respectable prêtre dont le nom suit n'a aucun rapport avec tout cela, et nous ne le citons que pour être complet dans notre documentation. Nous estimons simplement que Rome ne doit pas le voir d'un très bon œil.

L'abbé Mélinge, dont la cure est située du côté d'Étampes, fut membre du Conseil Suprême des Douze de la Rose † Croix ; il fut aussi Aumônier de la Légion d'honneur, et écrit, actuellement, sous le pseudonyme de « Alta », en des revues où il démontre que tout, philosophie, théologie, enseignement, doit subir l'examen de la Raison pure, que le Positivisme sert de base au Spiritualisme, que la Religion doit partir de la Raison pure.

… Or, le Positivisme est aussi loin du Christianisme que le Mysticisme.

Lisez ces documents sur le Mysticisme.

« O Vierge Marie, toi seule es digne d'amour, vierge, mère, épouse ! Toi seule es belle, toi seule es pure, toi seule es chaste. Je t'aime ! Viens à moi, Marie, aux minces bandeaux, aux grands yeux clairs, à la robe si joliment drapée t Je t'aime ! Viens à moi. J'ai grandi sous tes caresses. Partout, dans ma cellule, sont tes images et tes statues. Marie, pleine de grâce, au visage suave, aux mains fines, souris-moi. Toi seule sais l'amour que je ressens pour toi.

« Je me livre à toi tout entier. Volupté divine ! Tu embaumes ! Tu me ravis, je suis ton esclave, ta chose. Ma chère maîtresse ! ma bien-aimée ! Je t'offre ma chair meurtrie. Je demeure éperdu de joie. Je me sens défaillir.

« Donne-moi ton cœur, aime-moi, Mère ! épouse ! maîtresse ! jouissance surhumaine ! Tes paupières à demi-baissées laissent couler des regards humides. Je t'attends. J'embrasse tes pieds nus. Je me meurs sans toi, Je veux monter à tes lèvres ; moi, vierge, je veux t'avoir vierge. Marie ! Marie ! »

Lisez ceci aussi :

« Je posai mes lèvres sur la statue de la Vierge. Quel fut mon étonnement quand je sentis que ce baiser m'était ostensiblement rendu ! Je recommençai, et la même caresse recommença. Elle produisit, dans tout mon corps, un frémissement indescriptible. En même temps, un être s'approchait de moi, que je ne pouvais voir, toucher, ni entendre. Une volupté me transporta de ravissement et de bonheur. Jamais je n'avais ressenti sensations aussi douces et aussi épuisantes.

« Le lendemain et les jours suivants, mêmes baisers donnés et rendus.

« Un soir, les baisers de ma céleste amie se précipitèrent, et me causèrent une joie indicible. Je la possédais, comme elle me possédait. Depuis, il ne s'est pas écoulé un seul jour sans que ces ineffables jouissances ne se reproduisissent plusieurs fois. »

Un autre prêtre nous apprend la suite de l'idylle dans une lettre qu'on a bien voulu me permettre de recopier :

« … L'économe du couvent et d'autres personnes, étant dans la cellule de l'abbé X…, entendirent les baisers que la Vierge lui donnait« et s'aperçurent que chaque baiser produisait une petite quantité de liqueur qu'il avalait. Quand il en eut avalé une bonne quantité« les baisers continuant« il laissa échapper cette liqueur par un côté de sa bouche. Alors, l'économe, s'approchant, la recueillit avec son doigt et l'avala. Puis, il en donna une léchée à chaque personne qui était dans la pièce. Toutes en goûtèrent, et la trouvèrent délicieuse.

« Les baisers devinrent plus bruyants. Soudain, ils furent accompagnés chacun d'un joli bonbon, de la grosseur d'un pois. L'abbé en reçut près de cent. Nous les goûtâmes aussi, ils étaient excellents… »

Si l'on doute de leur existence, qu'on aille rue Saint-Sulpice : on y peut lire, à la devanture d'une boutique, cette annonce : *À vendre bonbons provenant des baisers cristallisés* (sic) *de la Vierge, cueillis* (sic) *sur les lèvres de*

M. l'abbê X... À *vendre, également, liqueur provenant de ces bai sers. Le bonbon* : *un franc.*

... J'ai montré les shatanistes isolés.

Voici des associations, des « communautés » de shatanistes.

En 1855, il existait, à Paris, une association composée en majeure partie de femmes qui communiaient plusieurs fois par jour, gardaient les hosties dans leur bouche, les recrachaient pour les lacérer ensuite ou les souiller d'une façon indescriptible» Ces faits furent dénoncés par le très sérieux et très catholique journal *Les Annoies de la Sainteté*. Une autre revue non moins sérieuse, *La Voix de la Septaine*, révèle à Agen l'existence d'une association shatanique fonctionnant depuis fort longtemps.

En Amérique existe une vaste association, la Société des Ré-Théurgistes-Optimates ; son chef était, il y a quelques années, un nommé Longfellow qui avait pris le titre de « Grand prêtre du Nouveau Magisme Evocateur ».

Aux Antilles existent plusieurs sociétés.

À Bruges, j'en connais deux.

... Il nous faut dire un mot, maintenant, des rapports de l'actuel clan des occultistes avec le shatanisme.

Nos occultistes ne le nient pas, ils le combattent.

Ils le combattent... ouvertement.

Il ne suffit point de tourner en ridicule le massif — et, d'ailleurs grotesque — livre du sieur Bataille sur le Diable pour donner le change !

Que font les occultistes ? Quelles sont leurs principales préoccupations ? L'envoûtement, l'incubat, le miroir magique, etc., etc.

C'est entendu, les occultistes, dans toutes ces opérations, ne s'adressent qu'aux élémentals ou aux esprits, jamais à Shatan ou à ses légions.

Ils l'affirment.

Que je voudrais pouvoir les croire…

C'est drôle, je me méfie toujours des gens qui y flétrissent l'envoûtement et qui indiquent le moyen d'envoûter.

---

1. ↑ Vintras, affublé d'un manteau rouge sur lequel était brodée une croit renversée, faisait suer du sang aux Hosties ordinaires et apparaître des dessins dessus.

VI

LA MESSE SHATANIQUE

La messe noire est une messe ordinaire, célébrée à la gloire de Shatan. Le sacrifice de la messe est un acte magique par lequel l'officiant force Dieu à descendre sur la terre ; ce qui différencie uniquement la messe noire de la messe ordinaire, c'est que dans celle-ci le Concile de Nicée décida de se contenter du simulacre de la Présence, tandis que dans celle-là la présence du Dieu — Principe de vie — doit être réelle, ce qui fait que le ciboire y est remplacé par la croupe, le ventre ou les organes génitaux d'une femme nue, et que l'on arrose de sang cet autel.

J'ajouterai, et vous l'admettrez aisément, que l'on n'y use pas du signe de la croix dont l'unique objet est de chasser les démons !

… De mon livre *Chez Shatan* — aujourd'hui épuisé — j'extrais, ces lignes :

La scène se passe dans l'intérieur d'un chanoine shataniste ; une jeune femme, légèrement écervelée, lui a donné cent francs pour qu'il célèbre une messe noire sur son ventre. Elle est accompagnée de son amant, Nicolas, et d'une marchande à la toilette.

En attendant la messe on cause :

— Célébrez-vous souvent des messes noires, avez-vous beaucoup de clients ?

— Pas mal, Madame. Nous ne sommes plus, hélas ! au temps où la Païva faisait célébrer une messe noire sur son ventre chaque semaine, où le Chef de l'État, Napoléon III, mandait un chanoine aux Tuileries pour dire, également, des messes noires, ni au temps où Barbey d'Aurevilly et le très catholique Verlaine, et Maupassant, et Rops, et Baudelaire, et Villiers de l'Isle-Adam assistaient à cette cérémonie ! Aujourd'hui, à peine prononce-t-on le nom d'Anatole France… Néanmoins, il y a encore des amateurs : j'ai dit des messes noires pour feue Mademoiselle Wanda de Boncza, entre autres.

« J'ai souvent, aussi, comme clients, de riches étrangers auxquels des policiers font les honneurs de « la tournée des Grands Ducs », c'est-à-dire auxquels ils montrent toutes les curiosités de Paris.

« En somme, les affaires ne vont pas mal, je n'ai pas à me plaindre.

— Il y aura toujours des amateurs l C'est si difficile à une vulgaire personne de faire le bien ou le mal !

— C'est plus facile au prêtre qui, pour damner ses paroissiens, n'a qu'à ne pas consacrer l'hostie lorsqu'il célèbre la messe !

« Je prépare moi-même les hosties dont je me sers. Un des collègues de Madame, j'entends une femme experte ès-avortement, me fournit les fœtus qui remplacent les enfants que je ne puis, à notre époque trop civilisée, égorger vivants. De ces fœtus je fais une pâte que j'humecte de sang menstruel fourni par la même personne, et de sperme ; puis, je mêle cette pâte à des cendres provenant du four crématoire du Père Lachaise et avec cette mixture je confectionne mes hosties.

« Vous voyez que vous pouvez avoir confiance, je ne vous vole pas 1 Mes hosties sont propres à recevoir la Vie !

« Passons.

« Tenez, prenez ces deux chaises, mettez-les au milieu de la pièce. Bon. Maintenant, pénétrez dans la salle voisine, et aidez-moi à apporter ici le matelas qui s'y trouve.

Ils apportèrent un mauvais matelas, le posèrent sur les deux chaises ; puis, le chanoine le recouvrit d'une étoffe noire prétentieusement frangée d'argent, et, à une extrémité, plaça un oreiller également noir.

Cela fait, il débarrassa le fourneau des fioles et cornues qui l'encombraient, donna un léger coup de plumeau, étendit un linge noir…

… Passons. La jeune femme, toute nue, se couche sur le matelas. Et le prêtre, nu aussi, seulement vêtu d'une chasuble, commence le Sacrifice. Bientôt, il murmure, sincère en ce moment parce que l'on a moins peur de blasphémer sincèrement que de blasphémer hypocritement, parce qu'il est des choses dont la seule excuse est la conviction :

— Shatan, bon Shatan, tu ne nous trompes pas, toi ! tu tiens tes promesses, tu fais honneur à ta signature, à tes marques, à ta griffe ! tu ne promets pas le ciel pour ne pas le donner, tu promets les enfers et tu les donnes, tu payes comptant, tu n'attends pas les au-delà de la mort, tu payes pendant la vie ! Shatan, bon Shatan, juste Shatan ! Tu incendies l'Opéra-Comique, le Bazar de la Charité, le Métropolitain, tu lances les Japonais sur les Russes, tu diriges les grèves, tu jettes les ouvriers en pâture aux patrons, tu engraisses les Rothschild, les Camondo, les Cahen, les Oppenheim, les Dreyfus, les Vieil-Picard, les Ephrussi, tu manigances le Banama, tu assassines le doux Président Carnot et tu laisses vivre le tzar rouge Nicolas II, tu armes les fusils de son armée pour qu'elle tire sur son peuple, bon Shatan, mauvais Shatan, tu engloutis la Martinique, tu télescopes un train du dimanche à Vincennes, Shatan, tu coules le *Titanic* !

« Tu es le vainqueur, tu triomphes, Shatan, mais, tu triomphes modestement, sans pompe, sans lumière, sans musique, tu n'es point orgueilleux, tu détestes le luxe, Shatan des humbles ! Tu es plus fort que Dieu, ton règne est arrivé, le sien n'arrivera jamais, et ton règne durera toujours ! Toi es l'Absolu. Il ne saurait y avoir deux Absolu : donc, toi es le Seigneur. Et l'autre c'est l'esclave, le faible Dieu obligé de se venger, le Dieu inclément qui, par peur, menace sans cesse de sa colère et de ses foudres, le Dieu qui incendia Gomorrhe, qui brûla sa fidèle Jeanne d'Arc, le Dieu intolérant qui imposa le péché originel, le Dieu des Jésuites et des intrigues du Vatican, le Dieu des petites sœurs gardes-chiourmes à St-Lazare et au très prisons, le Dieu de l'Inquisition, le Dieu bateleur, faiseur de miracles, marchand de bénédictine, d'indulgences, de titres de noblesse et de décorations, le Dieu qu'on saoulé d'encens, d'or, de lumières et de chants, le Dieu de Lourdes ! Tu aimes trop l'argent, Dieu de Saint Antoine de Padoue qui fais retrouver les clés perdues !

« Et toi, Jésus, toi qu'en ma qualité de prêtre je force à descendre dans cette hostie et à y demeurer emprisonné, toi, fils de Joseph, fils du Boubouroche de Bethléem, Jésus, l'ami de Marthe et de Madeleine, Jésus qui disais : « Aimez-vous les uns les autres » et ne voulais pas voir ta propre famille, je t'ordonne de nous servir, de nous aider de ta faible puissance, de mettre tes maigres forces à la disposition de notre Maître Shatan !

Il y eut un silence.

Le prêtre reprit, en s'inclinant profondément :

— Shatan, le sang menstruel contenu dans ce calice est vraiment le sang, la cendre d'enfant dont cette hostie est faite est vraiment le Corps.

« *Per ornnia sæcula sæcnlorum. Pater noster qui non es in cælis, advenit regnum tuum. Non libera nos a malo. Amen.* Je romps l'hostie.

Et, tenant précieusement entre le pouce et l'index de sa main droite l'hostie rompue, il la porta successivement aux lèvres de Marcelle, aux aisselles, aux pointes des seins, la posa sur le bas du ventre, l'y abandonna…

La jeune femme tressaillait, le manège avait dû la chatouiller, de longs frissons montaient et descendaient sa nudité, ses bras tremblaient, son visage pâlissait.

Le Mystère allait s'accomplir…

Le Chanoine rougissait. Ses affreuses jambes flageolaient.

Alors, il saisit le calice plein de l'immonde liqueur, et, goutte à goutte, de très haut, la laissa tomber sur l'hostie. Les gouttes s'aplatissaient, rejaillissaient, maculaient la peau blanche, leur contact piquait la femme-autel, lui arrachait de petits cris.

Le Mystère s'accomplissait…

— Shatan, murmurait l'homme, Shatan, ne pardonne pas, demeure sans pitié, n'apporte pas la paix. Je suis digne de toi, je suis digne de toi, je suis digne de toi !

À ce moment, se releva le devant de sa chasuble tourné vers Marcelle, et, presque aussitôt, l'hostie fut à nouveau mouillée.

Le Mystère s'était accompli…

… Nous garantissons la fidélité de cette description. Rien d'exagéré, rien de changé : ce sont de véritables photographies.

Les documents suivants sont encore parfaitement authentiques : ils nous sont fournis par les Archives de la Bastille. Ce sont des procès-verbaux, des pièces de procédure, interrogatoires, jugements, etc.

Interrogatoire de Leroyer

Du 13 juin 1680, à Vincennes…[1]

— Il est vrai que la Simon lui a dit que lorsque la Filastre était sur le point d'accoucher, elle avait signé un écrit avec Laboissière, par lequel ils donnaient l'un et l'autre au diable l'enfant dont elle devait accoucher ; qu'après l'accouchement, on avait pris de l'arrière-faix sur lequel il avait été fait quelques impiétés.

— S'il n'est pas vrai que Simon lui dit aussi qu'un prêtre de Saint-Denis avait dit la messe sur l'arrière-faix ?

— Oui, mais elle ne lui nomma pas le prêtre, qu'elle lui dit être de Saint-Denis, et s'il eût été homme à faire telles impiétés l'on n'aurait pas été chercher un prêtre à Saint-Denis pour cela…

— S'il n'est pas vrai qu'elle lui a aussi parlé d'une messe qui avait été dite dans la chambre de maître Jean, portier des Quinze-Vingts.

— Il le connaît et l'a vu plusieurs fois chez la Filastre, et Simon lui a bien dit qu'il avait été fait quelque chose chez lui, sans dire quoi, et même qu'il avait fallu payer ce qui était dû à un cabaretier pour du vin pour lequel il avait répondu, et pour l'empêcher d'en parler, mais ne lui a pas dit autre chose, sinon que Lepreux avait même donné 20 écus pour cela… Il s'est souvenu que la Simon lui apporta une fois chez Filastre, et dans ses Heures, sans la toucher, une hostie qu'il prit et qu'ilt bénit comme il aurait bénit du pain ; sur ce, elle lui dit qu'il fallait la donner à la femme de

Lacoudraye, de crainte que son mari et Filastre lui fissent du mal ; et il lui demanda avant cela si l'hostie était consacrée, sur quoi, elle lui dit qu'elle ne l'était pas ; mais, quand par malheur, elle l'aurait été, il-sait bien qu'il n'y fit rien qu'il n'eût pu faire sur le corps de Notre-Seigneur. Et fut l'hostie laissée dans les Heures de Simon, et ne sait point ce qu'elle en fit après. Ne se souvient point si ce fut dans la chambre de la Gautier ou de la Filastre que cela fut fait, ni quelles autres personnes étaient présentes.

— Ce que Simon lui a dit de Lepreux ?

— Il ne s'en souvient pas ; et depuis a dit qu'elle lui a dit que Lepreux avait un génie, et qu'il promettait de le lui donner, mais qu'il fallait pour cela qu'elle donnât au diable la créature dont elle était alors enceinte ; et sur la proposition que Lepreux lui en avait faite, elle vint lui en parler et lui demander s'il y voulait consentir, sur quoi, il lui dit qu'elle n'était point enceinte de ses œuvres, et que, quand cela serait, il ne pouvait pas entendre à une telle proposition. Il peut y avoir trois ou quatre ans ; il s'en alla en province et ne sait pas autre chose.

— S'il connaît Lalande ?

— Oui, et il venait voir la Chevallière et la Simon, et Simon lui a dit qu'il avait le même dessein que Filastre d'avoir un génie, et qu'elle Simon lui avait promis qu'elle en parlerait à Lepreux.

— De qui elle lui a dit qu'elle avait appris toutes les impiétés qu'elle savait ?

— Elle lui a dit que Lepreux les lui avait apprises, et lui avait montré au commencement à regarder dans le verre, et depuis lui avait mis toutes ces autres choses dans l'esprit, et qu'elle s'y était engagée par les sollicitations de la Filastre…

Interrogatoire de Cotton

15 juin 1680.

Jacques-Joseph Cotton, natif de Paris, prêtre habitué à Saint-Paul, âgé de quarante-quatre ans ou environ, demeurant dans le cloître de Saint-Paul, maître des petites écoles de la charité de la paroisse…

— S'il n'est pas vrai que, lorsqu'il fut du côté de Melun avec Laboissière, elle, un autre homme et une femme, il fit des conjurations dans une cave, en leur présence ?

— Oui, et Laboissière et Lacoudraye l'ayant pressé pendant quinze jours d'y venir, ils y furent ensemble et avec une autre femme dont il ne sait point le nom, et c'était pour faire paraître le diable et faire pacte avec lut. Laboissière et lui firent un cercle au milieu de la cave où elle disait qu'il y avait un trésor, et elle alluma des bougies qu'elle mit dans la cave, au coin du cercle, et il se mit dans le cercle et récita les paroles d'une conjuration qu'elle lui avait donnée pour cela. Il n'avait que son surplis lors, et une étole à son cou. Lacoudraye et la femme étaient à la porte de la cave, et ne sait pas ce qu'ils faisaient.

— Si c'était la même conjuration que celle qu'il eut de Laboissière pour la dire pendant la messe dont est parlé ?

— Non. et elle en avait tous les jours de nouvelles.

— Quelle était la conjuration qu'il fut faite dans la rue de Jouy, chez un médecin ?

— C'est une conjuration pour faire paraître le diable, et c'était un médecin ou un chirurgien qui avait désiré cela de lui, et il n'y fut point fait d'autres cérémonies pour cela que ta seule conjuration qu'il récita ayant son étole à son cou, et il fut fait quelques aspersions, et ne sait par qui, et ce fut cet homme qui lui mit entre les mains la conjuration, et Babet de Vaux était aussi présente. Il a écrit des conjurations pour Lalande et quelques traités avec le diable, pour lui, pour Laboissière et pour d'autres personnes, qu'elle lui a fait écrire. Sait bien aussi que Lalande lui a mis quelque chose entre les mains, mais ne peut dire quoi ; il est vrai qu'ils lui firent dire un jour une messe dans l'église des Quinze-Vingts, à cinq heures du matin, sur deux figures de cire qu'ils lui donnèrent pour cet effet, et ils étaient tous deux ensemble en l'église des Quinze-Vingts, et l'heure de cinq heures fut prise de concert, afin que personne autre qu'eux ne vît ce qui serait fait à la messe, et s'étaient assurés de maître Jean, portier des Quinze-Vingts, qui leur donna la chapelle et les ornements pour être dite la messe par lui. Les figures qui étaient pour faire mourir furent mises sur l'autel pendant la messe, et ne peut dire quelles étaient les personnes que l'on voulait faire mourir ; ils disaient aussi qu'il y avait des figures pour faire aimer ; et maître Jean fut aussi présent à la messe ; ne sait s'il y resta pendant toute la messe, parce qu'il allait à la sacristie. Il est vrai que Lalande lui a donné d'autres fois des poudres pour dire la messe dessus…

— S'il n'est pas vrai que Lalande lui a demandé des hosties consacrées, et ce qu'il lui disait qu'il en voulait faire ?

— Lalande lui en a demandé, mais il ne lui en a point donné, et il lui disait que c'était pour faire des conjurations, et afin qu'elles fussent plus fortes.

— S'il ne sait pas qu'il a été fait quelque impiété pour Filastre, et quelque temps après qu'elle fut accouchée ?

— Madame Arnoul, qui est la mère des Debosse, lui a dit qu'après l'accouchement de Làboissière, on avait dit la messe sur un arrière-faix, qui avait été consacré par un prêtre en disant la messe dans l'église de l'Ave-Maria. Ne sait point s'il ne se confond point du lieu où fut consacré l'arrière-faix ; mais ayant oui parler d'un arrière-faix consacré, et aussi de quelque chose qui avait été fait dans l'église de l'Ave-Maria, il ne peut dire précisément si Arnoul lui dit que c-était dans l'Ave-Mana que l'arrière-faix avait été consacré, ou dans quelque autre église…

— S'il ne sait pas que Laboissière a voulu se défaire de Dufayet et le faire assassiner ?

— Sa mère lui a dit que Cotton, son frère, avait été recherché pour cela, mais qu'il n'avait pas voulu y entendre, ni retourner chez Laboissière, où la proposition lui avait été faite, et ne sait point par qui elle a été faite à son frère.

Interrogatoire de Lalande

15 juin 1680.

François de Lalande, âgé de quarante ans, natif de Verguet, au Maine, demeurant rue des Ciseaux.

— S'il n'a pas assisté à une messe qui a été dite chez maître Jean la nuit du jeudi au vendredi saint par Cotton, prêtre ; pour quel dessein ?

Oui, c'était pour obliger l'esprit à signer un papier pour lever des trésors. Quand il entra dans la chambre, les ornements y étaient, et une table pour servir d'autel avait déjà été préparée, et ne sait par qui ; et la Durenant y était aussi bien que Cotton, avant qu'il y arrivât, et ne peut dire si Lecourt n'y était pas.

— Qui répondit à la messe de Cotton ?

— Ce fut lui et Durenant, tenant chacun un cierge allumé pendant la messe ; les cierges étaient de cire blanche, et ne sait point s'il avait été fait quelque chose à la cire.

— Ce que Cotton lui dit qui devait s'ensuivre de la messe ?

— Il ne lui dit autre chose, sinon que l'on croyait que l'esprit viendrait.

— S'il ne fut pas fait quelque invocation de démons pendant la messe ?

— La messe se disait bien à cette intention, mais il n'a point entendu faire d'invocation.

— Si la messe fut dite à l'ordinaire ?

— Oui, et après l'élévation de l'hostie et le temps ordinaire, il croit que Cotton consomma l'hostie.

— S'il n'a pas fait dire quelques autres messes par Cotton, entre autres une à cinq heures du matin, dans les Quinze-Vingts ?

— Ce ne fut pas lui qui la fit due, mais il est bien vrai qu'il y assista ; la Durenant y était aussi, et ne sait point s'il y avait d'autres gens…

— Pourquoi étaient faire deux figures de cire qui furent mises sur l'autel, à cette messe ?

— Il n'y fut point mis de figures de cire, mais bien deux pains de cire dont furent faits les cierges qui servirent depuis à la messe qui fut dite chez maître Jean par Cotton.

— Si les figures de cire ne furent pas mises sous le corporalier et sur l'autel pendant que Cotton dit la messe ?

— Il ne sait point qu'elles furent mises sous le corporalier, mais bien sur l'autel.

— S'il ne lui a pas fait écrire aussi quelque traité avec le diable ?

— C'était cela même qu'il a fait écrire à Cotton, et ne lui a point fait écrire d'autres conjurations.

— Quelles étaient les paroles du pacte ?

— C'étaient des paroles pour faire obéir l'esprit.

— Si ce n'était pas par le ministère du prêtre que l'esprit devait obéir, et si le prêtre ne disait pas la messe sur le traité et sur la conjuration ?

— Il croit bien que c'était pour dire la messe dessus, et l'on mettait le traité sur l'autel ; et depuis a dit qu'il ne sait pas seulement si le traité était sur l'autel…

— S'il n'a pas eu connaissance de quelque traité qui devait être fait pour donner au diable l'enfant dont la Durenant était lors enceinte ?

— Oui, et c'est la Simon qui le lui dit, et à laquelle il dit aussi qu'il fallait faire brûler Durenant. La Simon lui a fait dire une conjuration chez maître Jean pour invoquer un esprit ; mais elle n'y était pas. Il y avait une bougie de poix noire et trois autres bougies blanches autour d'un cercle de tonneau en triangle, et lui assis au dehors du cercle.

Interrogatoire de la Filastre[2]

Du 21 juin 1680, à Vincennes.

— Si elle, outre la messe qui fut dite chez maître Jean, n'a pas fait dire une messe dans l'église des Quinze-Vingt s, à cinq heures du matin, par Cotton, prêtre ?

— Elle ne se souvient point que la messe ait été dite dans les Quinze-Vingts, croit que c'est dans Saint-Paul ; mais il est vrai que quand la messe fut dite dans la chambre de maître Jean, elle en a fait dire une autre à cinq heures du matin à Saint-Paul, ou dans l'église des Quinze-Vingts…

— Si elle n'a pas fait écrire des conjurations et des traités par Cotton, lesquels traités étaient faits avec le diable ? S'il n'est pas vrai qu'elle en a fait dire, entre autres, une sur des figures de cire pour faire mourir la femme de Lacoudraye ?

— Elle n'a jamais fait qu'une seule figure de cire qui fut faite chez Cotton, et elle est restée pendant neuf jours chez lui, où elle allait tous les jours, et la figure était pour l'amour… Elle lui a donné des poudres pour dire la messe, et n'a point assisté aux messes, sinon une fois qu'elle entendit sa messe comme il la dirait pour les enfants de la paroisse, et les poudres étaient poudres de Gallet.

— Si elle n'a pas aussi porté des poudres à Cotton, pour le même sujet, de la part de madame Chappelain ?

— Oui, et c'était par son ordre.

— Si elle lui a rendu les poudres après les avoir retirées de Cotton, et si elle ne lui a pas dit qu'il avait dit la messe dessus ?

— Tout cela est véritable…

— S'il n'est pas vrai que la nuit du jeudi au vendredi saint, qu'elle fit dire la messe chez maître Jean, elle, Lalande, maître Jean et Lecourt soupèrent tous ensemble chez maître Jean ? Ce qu'ils firent après avoir soupé ?

— Ils attendirent l'heure pour la messe, et ils dressèrent l'autel, et Cotton se jeta sur un lit en attendant l'heure.

— S'il n'apporta pas le calice qui servit à la messe ? — Oui, et le surplis fut pris dans les Quinze-Vingts.

— S'il n'est pas vrai qu'elle donna à Cotton une autre fois des saintes huiles, pour baptiser une figure de cire qu'elle lui porta ?[3]

— Il est bien vrai qu'il en fut parlé par elle à Cotton.

Déclaration de l'abbé Guibourg

Du 8 juillet 1680, à Vincennes.

Ayant commencé à nous reconnaître la vérité et voulant continuer de l'éclaircir autant qu'il dépendra de lui, il croit devoir, pour la décharge de sa conscience et pour arrêter le cours d'un grand désordre qui est en pratique depuis longtemps, déclarer, comme il fait, que Debray, garde-du-corps et gendre d'un chirurgien, demeurant rue du Temple, vint le trouver à Montlhéry, il y a douze ou treize ans, le mena dîner avec lui, et lui donna un louis d'or pour avoir de lui une copie d'un petit livre manuscrit où étaient plusieurs conjurations ; après, il l'obligea de venir à Paris, et le mena dans une maison de la rue de la Pelleterie, chez un tailleur appelé La Coudraye, archer du guet, où Debret et Degennes, qui demeure dans l'île de Notre-Dame, sous l'arcade, et homme d'épée, lui portèrent les ornements nécessaires et ce qu'il fallait pour dire la messe, qu'ils lui firent dire dans une chambre pendant neuf jours, sur un livre qu'il mit sous le calice, disant la messe. Et après cela, il leur donna le livre. La Coudraye répondit à ces messes ; ils lui donnèrent, pour ce qu'il avait fait, une soutane et une soutanelle, et le nourrirent pendant tout le temps. Les messes furent toutes dites pendant les neuf jours, à sept heures du matin. Entre les deux élévations, il récita la conjuration qui est dans le manuscrit, pour en faire la consécration.

Il n'a point vu depuis ce temps-là Debray ; mais il n'y a pas deux mois qu'il parla à Degennes ; et pour savoir tout le cours de ce malheureux comme ce, il faut s'adresser à Deschault, qui en est le courtier et l'entremetteur, et qui va chez les uns et chez les autres pour faire les allées et venues qui sont nécessaires pour ces sortes d'affaires. Deschault loge présentement chez Lottinet, et c'est lui qui lui a donné la connaissance de la David.

Un jour, la David, Odot, appelé le grand Odot, et un autre homme qui a été depuis pendu pour fausse-monnaie, vinrent le trouver chez lui, à Saint-Denis, et le menèrent au cabaret, où il fut fait un grand cercle[4] dans une chambre, dans lequel il porta une aube à la prière d'Odot, et de laquelle Odot se revêtit et lut lui-même la conjuration par trois fois, parce qu'il dit que lui Guibourg, ne lisant pas bien son écriture, pourrait faire des fautes, La David et l'homme qui était un fripier, étaient présents, et lui, Guibourg, a donné à David des poudres pour l'amour, lesquelles il avait mises sur l'autel, en disant la messe ; et outre cela, lui a donné des caractères pour le jeu.

Lalande le vint trouver è Paris, où il lui proposa de le venir voir à Versailles, où lui Guibourg était habitué, et de vouloir dire trois messes à l'heure de minuit, dans la chapelle de Saint Antoine-du-Buisson, qui est proche de Versailles, et dont il était seul maître. Sur quoi, il lui dit qu'il verrait à cela, et qu'il eût à l'y venir trouver. Mais Lalande, à qui l'on avait donné de l'argent pour cela, mangea l'argent et ne vint point le trouver. Il lui avait dit que l'intention des personnes qui faisaient faire l'affaire était pour se faire aimer des grands, et de cela il peut y avoir trois ou quatre ans. Depuis, Lalande ne lui a plus parlé de cette affaire, quoiqu'il lui ait parlé de plusieurs autres, et même qu'il lui ferait voir quelque chose de beau ; et il composait lui-même des conjurations.

De Joignes, sergent au Châtelet, et gendre de Pasquier, marbrier, vint le trouver, il y a treize ou quatorze ans, à Monthléry, où il lui apporta un livre de conjurations pour dire la messe dessus, laquelle messe il dit dans la chambre en plein jour, et à laquelle de Joignes répondit ; il dit à l'ordinaire la conjuration entre les deux élévations ; et il y a environ deux ans que de Joignes lui apporta aussi une petite figure, qu'il croit être de cire, enveloppée dans du papier où il y avait de récriture faite avec du sang de Joignes, à ce qu'il lui a dit, et sur laquelle figure il dit pareillement la messe dans les Convalescents, rue du Bac, au faubourg de Saint-Germain ; de Joignes répondit, et était lors la figure sur l'autel, à côté des corporaux, et sur laquelle fut dite aussi la conjuration par lui, entre les deux élévations, et il eut 15 sous de Joignes pour la messe, et à déjeuner, quoique dans ce temps-là il eût un décret de prise de corps contre de Joignes qui lui avait volé son cheval à Montlhéry ; déclare de plus que Lalande lui a dit qu'il avait un miroir[5] par le moyen duquel et d'une conjuration il connaissait si un malade devait mourir, et si une personne en voyage devait bientôt revenir.

Interrogatoire de la fille Voisin

Du 22 août 1860.

— … Elle n'a vu faire aucune cérémonie, sinon une fois ; elle demeurait en ce temps-là chez Lefort, fruitière, vis-à-vis Notre-Dame-de-Bonne-Nouvelle, à un quatrième étage ; elle trouva un autel préparé, une croix et des chandeliers avec des cierges allumés, et qui avaient servi à une messe dite qui venait d'y être dite par Guibourg, qu'elle y trouva aussi ; et la messe avait été dite sur le ventre de sa mère, à ce qu'elle lui dit.

— S'il y a longtemps qu'elle n'a vu Papillon ?

— Peu de temps avant la prise de sa mère, elle lui a entendu dire qu'il était mort, ne peut dire comment ; mais sa mère et Delaporte étaient d'ordinaire avec lui, et allaient bien souvent chez lui, dès les quatre heures du matin, soit en hiver, soit en été, et c'était lui qui faisait des cierges qui servaient à dire des messes sur le ventre ; ils étaient faits de cire jaune neuve, avec de la graisse de pendu ; et outre cela, il y avait un billet tortillé dans la mèche ; et elle a vu faire de ces sortes de cierges chez elle, par Papillon, et Margot leur servante l'a vu aussi.

… Elle a assisté à deux messes par l'ordre de sa mère, et elle a vu le Prieur deux autres fois sortir de la petite chambre, à côté de celle de sa mère, revêtu de sa chasuble et entrer dans la chambre pour y dire deux autres messes en différents jours, auxquelles elle n'assista point, mais avait aidé à préparer l'autel et choses nécessaires pour la messe.

L'autel se faisait sur des sièges, sur lesquels on mettait un matelas ; la femme sur le ventre de laquelle la messe devait être dite était mise toute nue, les jambes pendantes en bas, et ayant la tête renversée sur un oreiller qui était posé pour cela sur une chaise renversée, et après qu'il avait été mis un linge ou une serviette sur le ventre de la femme, l'on y mettait la croix sur l'estomac et le calice sur le ventre ; y avait aussi à côté des cierges allumés, qui étaient posés sur des sièges ; et a vu dire de cette sorte de messes deux fois au Prieur, lesquelles il disait à l'ordinaire et comme on a accoutumé de les dire, à la réserve qu'au temps de l'élévation du corps de Notre-Seigneur, Guibourg disait les noms des personnes pour qui cela était fait, et avait aussi un livre écrit à la main, qui lui servait à la messe. Delaporte et Pelletier ont assisté et répondu à de ces sortes de messes chez elle.

Déclaration de la Joly

1ᵉʳ mai 1681, à Vincennes.

Peu de temps après que Méline l'eut connue, et qu'elle fut venue avec elle, Méline la mena chez Deschault, dans la rue du Temple, où il demeurait lors à une troisième chambre, chez un savetier, et où ils trouvèrent sa femme, et un grand prêtre de fort méchante mine, appelé Meignan, et après avoir parlé ensemble de trésors et de livres, et que Meignan eut dit qu'il en avait un admirable, et que même ils avaient travaillé au trésor de Saint-Laurent, il lui dit que si elle voulait se liguer avec lui, ils feraient ensemble de bonnes affaires, et sur ce que la femme de Deschault lui avait parlé de quelque sacrifice, en ayant touché quelques mots à Meignan, il fut à l'instant lever une méchante pièce de tapisserie, et lui fit voir un bassin d'étain qui était derrière la tapisserie, et dans le bassin les corps de deux enfants qui pouvaient être de sept mois ou environ, et qui étaient deux garçons qui avaient été coupés en plusieurs pièces, qu'on avait rapprochées les unes des autres dans le bassin dans lequel était du sang fort vermeil et qui paraissait être tout frais, et sur ce qu'ayant touché aux corps de ces deux enfants qui étaient encore chauds[6], elle lui demanda si les deux enfants étaient en vie lorsqu'ils avaient été sacrifiés ; il lui dit qu'il n'avait rien à lui dire, mais, que si elle voulait, ils feraient quelque chose de mieux ; ayant sur cela demandé ce qu'il avait fait de l'hostie qu'il avait portée, il lui demanda qui lui avait parlé de cela, et quoique ce fût la femme de Deschault qui lui eût dit, elle ne lui dit néanmoins autre chose, sinon qu'elle le savait bien, après quoi il lui avoua et dit qu'il était vrai qu'il avait porté, la veille de la Saint-Jean, une hostie consacrée dans une chambre où il avait été fait plusieurs choses.

Projet de lettre de M, de la Reynie à Louvois

Décembre 1680

Il ne convient pas d'interroger plus avant le grand auteur[Z] jusqu'à ce qu'il y ait un arrêt de récolement et de confrontation, parce que, les interrogatoires étant lus dans la chambre, il serait difficile que le secret sur les faits particuliers pût être gardé autant que le Roi le désire.

C'est Dieu qui a permis que, pendant la guerre, et précisément le dernier jour que le Roi veut que son autorité soit reconnue dans la ville de Liège, la dame de Brinvilliers, cette misérable qui fuyait de royaume en royaume, ait eu soin d'écrire et de porter avec elle les preuves qui étaient nécessaires pour sa condamnation. C'est elle qui a dit, devant M. de Fleury, à la confrontation des témoins, qu'il y avait beaucoup de personnes engagées dans ce misérable commerce de poison, et des personnes de condition.

Par une conduite toute opposée, mais qui tend peut-être à même fin, la demoiselle de la Grange, artiste expérimentée sur le fait du poison, interrogée, jugée, condamnée pour d'autres crimes, appliquée à la question, morte sans avouer la moindre chose sur le fait du poison, après son exécution, et dans la recherche qui s'est faite après elle, quelle foule de preuves s'est trouvée contre cette misérable ! À combien d'empoisonnements n'a-t-elle pas participé !

Cependant, cette misérable femme, qui a soutenu jusqu'au bout la résolution de ne rien déclarer, n'a pas laissé de dire, sous prétexte de connaissances extraordinaires, et en se couvrant elle-même de nuages et d'obscurités, qu'en travaillant elle avait vu M. le Dauphin avec une grande pâleur, et qu'il était menacé de poison.

Elle a fait entendre que ceux qui pouvaient avoir ce malheureux dessein étaient capables d'aller plus loin, et, triomphant pour ainsi dire par son silence, elle a dit, assez près du temps de son exécution, que ces malheureux étaient encore en état d'accomplir leur pernicieux dessein, que son innocente mort et sa couronne de martyre les mettait à couvert et leur facilitait les moyens de réussir. Elle a dit, sur le commerce du poison et sur toutes ces pratiques, qu'il y avait quelque chose de divin que les juges ne découvriraient jamais ; elle a fait entendre qu'il y avait un plus grand nombre de personnes qu'on ne pensait qui étaient engagées dans ces mêmes pratiques, et qu'il y en avait de qualifiées.

Peut-être est-il nécessaire que tout cela ait précédé pour donner quelque attention à ce qui a été depuis découvert, précisément dans le temps que le Roi finit glorieusement une grande et très pénible guerre, afin, ce semble, que S. M. eût le moyen de délivrer son royaume d'un fléau peut-être aussi grand qu'aucun autre ; car il ne fallait pas seulement toute l'autorité et la fermeté du Roi pour en venir où l'on en est, il fallait encore l'application de S. M., ses ordres, des soins particuliers, de la dépense, et sans cela, il était impossible de parvenir à la découverte de tant d'empoisonnements et de tant de crimes, ni de connaître non plus la qualité et l'étendue de ce mal.

Ça été sur les premières découvertes que, par cet esprit de sagesses, cet esprit principal que Dieu a donné à S. M., par l'esprit de justice, et pour le bien public seulement, car il ne s'agissait et il n'y avait aucune connaissance des faits particuliers, lorsqu'il y a près de deux ans S. M. ordonna aux juges de rendre justice, sans distinction et sans acception de personnes, et qu'il leur marqua ses intentions et leur devoir en des termes si justes et si précis qu'ils ne s'effaceront jamais de la mémoire de ceux qui les ont en tendus, qui comprirent bien dès ce temps-là que S. M., instruite de la loi de Dieu, savait mieux que personne que c'est de cette sorte de crimes que les rois sont particulièrement chargés de faire faire justice.

Quant aux faits particuliers dont j'ai rendu compte selon l'état des procédures, ce sont de véritables charges, ce sont des accusations de crimes de lèse-majesté divine et humaine ; il n'y a rien de plus grand, il n'est rien de plus important que l'éclaircissement entier et parfait de ces accusations, et que la punition de cette sorte de crimes.

Cependant, et voici sans doute la plus grande de toutes les difficultés : est-il ou non de la gloire de Dieu, de l'intérêt du Roi et de celui de l'État par conséquent, et du bien de la justice, d'apprendre au public des faits de cette qualité et des crimes si énormes ? Dans quels excès l'opinion publique ne peut-elle point passer, que par de semblables pratiques on peut réussir, quel moyen de l'en empêcher ? Les conséquences en sont grandes et méritent sans doute beaucoup de réflexion.

D'un autre côté, si ces crimes sont dissimulés, en quel autre étrange inconnu ne tombera-t-ou point, si l'on n'ose punir les crimes à cause de leur énormité. C'est précisément ce qu'ont pensé ceux qui peuvent les avoir faits ; ils se sont premièrement confiés au nombre où ils se sont reconnus, et ensuite aux personnes considérables avec lesquelles ils se sont engagés. Plus l'attentat sera qualifié et moins il sera dangereux ; et dès qu'il sera entrepris par une personne considérable, s'il réussit, la récompense sera assurée, et s'il est découvert, la faveur et la considération des complices produira l'impunité.

À ces considérations générales, il y en a une particulière qui paraît importante.

Il y a quelques-uns de ces faits particuliers sur lesquels il n'y a pas seulement des conjectures et des présomptions, ils sont prouvés dans les règles ordinaires de la justice, et peut-être avec cela ne sont-ils pas véritables. Cependant, s'ils sont supposés, les personnes qui sont accusées ont un grand intérêt qu'ils soient éclaircis, et tant que les actes particuliers subsisteront, tant que les procédures subsistent en l'état où elles sont, s'agissant de crimes de lèse-majesté divine et humaine, il n'y aura jamais de sûreté pour les accusés, quelque chose qu'on puisse faire.

Sur cette supposition que ces faits, au moins les principaux, ne fussent véritables, faudra-t-il que ces scélérats, que ces monstres échappent à la justice, parce qu'ils se seront avisés de dire des choses si étranges, d'accuser des personnes qualifiées, de parler du Roi, et d'inventer toutes ces abominations ? Ce n'est pas le seul inconvénient ; le cours de la justice est considérablement interrompu.

Il y a cent quarante-sept prisonniers à la Bastille et a Vincennes ; de ce nombre, il n'y en a pas un seul contre lequel il n'y ait des charges considérables pour empoisonnements ou pour commerce de poison, et des charges avec cela contre eux pour sacrilèges et impiétés. Cependant, si le cours de la justice est arrêté, la plus grande partie de ces scélérats tombe dans le cas de l'impunité ; la seule cause de la grandeur du mal et de l'excès où il est parvenu est le défaut de justice, que l'on a flatté, dissimulé, négligé cette sorte de crimes…

La vie de l'homme est publiquement en commerce ; c'est presque l'unique remède dont on se sert dans tous les embarras des familles ; les impiétés, les sacrilèges, les abominations sont pratiqués, communs à Paris, à la campagne, et dans les provinces.

La Trianon, une femme abominable par la qualité de ses crimes, par son commerce sur le fait du poison, ne peut être jugée, et le public, en perdant la satisfaction de l'exemple, perd sans doute encore le fruit de quelque nouvelle découverte et de la conviction entière de ses complices.

À l'égard de Romani et de Bertrand, on ne peut faire aucune instruction contre eux sur le dessein où l'on prétend qu'ils sont entrés pour empoisonner madame de Fontanges par des étoffes et des gants.

On ne saurait juger non plus la dame Chappelain, à cause que la Filastre lui a été confrontée sur la déclaration à la question touchant le dessein prétendu d'empoisonner madame de Fontanges ; il semblerait cependant important de la pouvoir juger : — femme d'un grand commerce, — appliquée depuis longtemps à la recherche des poisons, ayant travaillé, fait travailler pour cela, fait et fait faire des voyages, suspecte de plusieurs empoisonnements, dans une pratique continuelle d'impiétés, de sacrilèges et de maléfices ; accusée par la Filastre, rune de ses agentes, de lui avoir enseigné la pratique de ses abominations avec des prêtres, impliquée considérablement dans l'affaire de Vanens ; c'est chez elle qu'il a fait ses distillations suspectes ; peut dire quelque chose sur le fait de feu M. le premier président.

Par les mêmes considérations, Galet ne peut être jugé. — Quoique paysan, homme dangereux, — tenant bureau ouvert, suivant ses propres déclarations, pour des empoisonnements et pour toute sorte de maléfices ; il est convenu d'avoir donné des poudres pour le Roi ; il y a apparence qu'il dit vrai, parce qu'il convient que le crime est toujours le même à son égard, soit qu'on les lui ait ou non demandées ; il convient d'en avoir donné et pour l'amour et pour le poison ; homme que la Chappelain voulait attirer et faire travailler chez elle à Paris.

Lepreux. — Autre prêtre de Notre-Dame, engagé dans les mêmes avec la Chappelain, accusé d'avoir sacrifié au diable l'enfant de la Filastre, consacré des couleuvres, et autres impiétés.

Trabot. — Du même commerce que Galet, autre agent de la Chappelain : — peut-être dans la même pratique d'impiétés et de sacrilèges ne peut être jugé, la Chappelain ne l'étant pas.

Guibourg. — Cet homme, qui ne peut être comparé à aucun autre sur le nombre des empoisonnements, sur le commerce du poison et des maléfices, sur les sacrilèges et les impiétés, connaissant et étant connu de tout ce qu'il y a de scélérats, convaincu d'un grand nombre de crimes horribles et soupçonné d'avoir eu part à beaucoup d'autres, cet homme qui a égorgé et sacrifié plusieurs enfants, qui, outre les sacrilèges dont il est convaincu, confesse des abominations qu'on ne peut concevoir, qui dit avoir, par des moyens diaboliques, travaillé contre la vie du Roi, duquel on apprend tous les jours des choses nouvelles et exécrables, chargé d'accusations et de crimes de lèse-majesté divine et humaine, procurera encore l'impunité à d'autres scélérats.

Sa concubine, la nommée Chanfrain, coupable avec lui du meurtre de quelques-uns de ses enfants, qui a eu part à plusieurs des sacrilèges de Guibourg, et qui, selon les apparences et l'air du procès, était l'infâme autel sur lequel il faisait ses abominations ordinaires, demeurera aussi impunie.

Les nommées Delaporte et la Pelletier, les fidèles confidentes de la Voisin, de Guibourg, dé la Trianon, et qui ont eu part à tant de crimes, qui en ont eu le secret, et qu'il est si important de juger, ne le peuvent être ; les mêmes considérations empêcheront que madame Brissart ne puisse être jugée, la Pelletier étant celle qui a été employée, et qui a su ou servi au projet ou à l'empoisonnement prétendu de la sœur de madame Brissart.

Il y a encore une grande suite d'autres accusés considérables qui trouvent l'impunité de leurs crimes dans le salut de Delaporte et de la Pelletier. La fille de la Voisin ne peut être jugée, non plus que Mariette, quelque chose qui survienne à son égard. Latour, Vautier, sa femme, chargés par la Voisin et par d'autres d'être artistes et dangereux sur le fait du poison, et poison dangereux par les parfums, accusés sur le tout du crime de lèse-majesté au premier chef, ils resteront non seulement impunis ; mais, par les considérations qui feront tenir leurs crimes secrets, leur procès ne pourra être achevé d'instruire.

Sur quoi observer que peut-être ce qui semble si secret et si caché l'est beaucoup moins qu'on ne pense.

Lorsque la Voisin a été entendue sur la sellette, il a été parlé de madame de Montespan et de la demoiselle Des Œillets ; à la vérité, il en est revenu quelque chose dans le public ; mais je suis obligé de dire, à l'honneur des juges, qu'ayant entendu, par les interrogatoires faits à la Filastre sur la sellette par M. Boucherat, qu'il devait y avoir quelque ordre du Roi de ne pas entrer dans le fait du dessein que cette femme avait eu d'entrer chez madame de Fontanges, quoique cette misérable en ait parlé précisément devant tous, et qu'elle ait donné des ombrages à cet égard, quoiqu'elle ait dit clairement que la messe dont Guibourg lui avait parlé, il l'avait dite dans une cave, et pour le pacte de madame de Montespan, néanmoins, le respect que les juges ont eu pour un ordre seulement présumé a fait que sur cela il n'en est rien revenu au dehors.

Ces mêmes faits on été depuis déclarés et bien plus marqués à la question, plusieurs fois répétés, en présence de dix personnes. De ces dix personnes il y en a quelques-unes qui ne peuvent être présumées avoir gardé le secret par aucune raison d'honneur qui les ait obligées à le garder ; il faut présumer, au contraire, que plusieurs d'entre eux ne l'ont pas gardé, et qu'ils avaient, au contraire, été chargés d'observer ce qui serait dit à la question.

Cependant, il n'en est rien revenu au public.

Il y a eu une grande fidélité au greffier ; mais encore, dans son greffe, il y a eu deux personnes qui ont travaillé à transcrire les actes, et enfin il y a un assez grand nombre de personnes qui ont part à ce secret, pour présumer difficile qu'il ait été gardé. Il ne se dit cependant rien sur ce sujet.

Ce silence me surprend, il me paraît même suspect ; je finis par cette considération.

Si les personnes intéressées ont quelque connaissance de ce qui a été dit contre elles, et si elles sont innocentes, peut-on présumer qu'elles demeurent sur cela dans une espèce d'indolence et qu'elles ne se mettent point en peine et ne veulent prendre aucun soin sur des accusations de cette qualité ?

D'un autre côté, si ces mêmes personnes se sentent coupables, si elles avaient connaissance qu'il y eût déjà quelque chose de découvert à leur égard, dans quelles inquiétudes et dans quelles agitations d'esprit ne devraient-elles pas être au milieu de la liberté dont elles jouissent ? Aucun parti leur semblerait-il plus à craindre que celui d'attendre un entier éclaircissement de ces crimes abominables ? et dans ces cas de crainte et de désespoir, que ne peut-il point tomber dans l'esprit des personnes qui auraient été déjà capables de se porter à d'autres pensées si étranges et si criminelles, et pendant qu'on les examine, peut-être est-ce le temps du danger ?

Mon devoir, sur une matière si grave et si importante, me presse, sur la supposition même que les faits soient douteux, de représenter au Roi, parlant comme juge et sur les actes, que sur cette matière le péril ne doit pas être vu de plus près sans user de quelque précaution, et ce même devoir m'oblige de demander à Dieu qu'en continuant de protéger S. M., il lui fasse connaître ce qui doit être fait dans cette conjoncture pour sa gloire, pour la conservation de S. M. et pour le bien de la justice.

Interrogatoire de Guibourg

Du 10 octobre 1680, à Vincennes.

Leroy, gouverneur des pages de la petite écurie, lui parla le premier de travailler pour Madame de Montespan)[8] et lui promit 50 pistoles et un bénéfice de 2.000 livres. La première messe qu'il dit à cette intention fut au Ménil, proche Montlhéry, sur le ventre d'une femme qui y était venue avec une autre grande créature ; à la consécration, il récita la conjuration :

« Astaroth, Asmodée, princes de l'amitié, je vous conjure d'accepter le sacrifice que je vous présente de cet enfant pour les choses que je vous demande, qui sont que l'amitié du Roi, de Mgr le Dauphin me soit continuée et être honorée des princes et princesses de la cour» que rien ne me soit dénié de tout ce que je demanderai au Roi, tant pour mes parents que serviteurs.

Et nomma les noms du Roi et ceux de Madame de Montespan, qui étaient dans la conjuration.

Il avait acheté un écu l'enfant qui fut sacrifié à cette messe qui lui fut présenté par une grande Me et ayant tiré du sang de l'enfant qu'il piqua à la gorge avec un canif« il en versa dans le calice, après quoi l'enfant fut retiré et emporté dans un autre lieu, dont ensuite on lui rapporta le cœur et les entrailles pour en faire une deuxième, et qui devaient servir, à ce que lui dirent Leroy et le gentilhomme, pour faire des poudres pour le (Roi) et pour madame de

(Montespan), la dame pour qui il dit la messe eut toujours des coiffes baissées qui lui couvraient le visage et la moitié du sein. Il dit la deuxième messe dans une masure sur les remparts de Saint-Denis, sur la même femme, avec les mêmes cérémonies, et la Pelletier s'y trouva. Dit la troisième à Paris chez la Voisin sur la même femme, il peut y avoir de cela huit ou neuf ans, et depuis a dit treize à quatorze ans. Déclare encore qu'il y a cinq ans qu'il a dit pareille messe chez la Voisin sur la même personne, qu'on lui a toujours dit être (Madame de Montespan), aux mêmes intentions, et la Laporte était présente ; et après que tout fut fini voulant reprendre son manteau sur une chaise, il trouva sur cette chaise un écrit qui devait être la copie d'un pacte, attendu qu'il n'était qu'en papier, au lieu que les pactes doivent être écrits sur du parchemin vierge, où il lut ces termes :

« Je... fille de... je demande l'amitié du Roi et celle de Mgr le Dauphin, et qu'elle me soit continuée, que la Reine soit stérile, que le Roi quitte son lit et sa table pour moi, que j'obtienne de lui tout ce que je lui demanderai pour moi et mes parents, que mes serviteurs et domestiques lui soient agréables, chérie et respectée des grands seigneurs, que je puisse être appelée aux conseils du Roi, et savoir ce qui s'y passe, et que cette amitié redoublant plus que par le passé, le Roi quitte et ne regarde la Vallière, et que la Reine étant répudiée, je puisse épouser le Roi. »

Leroy, gouverneur des pages de la petite écurie, a été le premier qui lui a proposé de travailler pour madame de

Montespan ; croit qu'il y avait déjà des gens qui travaillaient pour le même dessein ; le sollicita pendant plus d'un an à dire la première messe. Il y avait un gentilhomme qui le sollicitait conjointement pour la même affaire ; ne put savoir son nom ; son laquais lui dit qu'il s'appelait Saint-Morisse : croit qu'il était à Mgr l'archevêque de Sens ; lui promettait 50 pistoles et un bénéfice de 2.000 livres. La première messe qu'il dit fut chez Leroy, au Mesnil, près Montlhéry.

« … Il a fait chez la Voisin, revêtu d'aube, d'étole et de manipule, une conjuration en présence de la Des Œillets qui prétendait faire un charme pour le (Roi) et qui était accompagnée d'un homme qui lui donna la conjuration, et comme il était nécessaire d'avoir du sperme des deux sexes, la Des Œillets ayant ses mois n'en put donner mais versa dans le calice de ses menstrues et l'homme qui l'accompagnait, ayant passé dans la ruelle du lit avec lui Guibourg, versa de son sperme dans le calice. Sur le tout, la Des Œillets et l'homme mirent chacun d'une poudre de sang de chauve-souris et de la farine pour donner un corps plus ferme à toute la composition et après qu'il eut récité la conjuration, il tira le tout du calice qui fut mis dans un petit vaisseau que la Des Œillets ou l'homme emporta. »

. . . .

Aujourd'hui l'on ne tue plus d'enfants. Mais, si l'on voulait bien regarder ce qui se passe chez les cartomanciennes qui encombrent de leurs réclames les dernières pages des journaux, l'on verrait que les mœurs des spirites n'ont guère changé…

1. ↑ Dans la prison de Vincennes.
2. ↑ Sage-femme, sorcière, etc.
3. ↑ Il était nécessaire pour que L'envoûtement ré issît que la figurine de cire sur laquelle on opérait reçût les sacrements dont était munie la personne à envoûter.
4. ↑ Le cercle magique.
5. ↑ Le miroir magique, vulgaire instrument d'autohypnotisme.
6. ↑ Je me suis toujours demandé comment, à une époque où, en somme, la police était aussi bien organisée que la nôtre, tant de sorciers et sorcières ont pu massacrer, sans être inquiétés, des milliers et des milliers d'enfants.
7. ↑ Lesage, autre empoisonneur.
8. ↑ Les rapporteurs laissèrent en blanc certains noms.

VII

INCUBAT, SUCCUBAT

Rappelons ces lignes de Paracelse :

« Dieu permet que les Nymphes non seulement soient vues de certains hommes, mais encore entretiennent des relations avec eux et en aient des enfants. Ces enfants sont de race humaine parce que le père, étant homme et descendant d'Adam, leur donne une âme qui les rend semblables à lui. Et je crois que la femelle qui reçoit cette âme est, comme la femme, rachetée par le Christ. Nous ne parvenons au royaume divin qu'au tant que nous communiquons avec Dieu. De même, cette femelle n'acquiert une âme qu'au tant qu'elle connaît un homme. Le supérieur, en effet, communique sa vertu à l'inférieur. Ces êtres recherchent notre amour pour s'élever, comme les païens recherchent le baptême pour acquérir une âme et renaître avec le Christ. »

L'Église confesse l'existence des Élémentals, et permet de les invoquer. Elle permet également à l'homme d'entretenir des relations avec eux, et ne déclare pas ce commerce impie, Elle autorise donc l'*incubat* et le *succubat*, (L'*incubât* est le commerce d'un être de l'invisible avec une femme, le *succubat* celui d'un être de l'Invisible avec un homme).

Pourtant, certains rituels disent qu'elle les proscrit. Il faut distinguer : elle proscrit l'incubat et le succubat exercés par des démons, mais non ceux exercés par des Élémentals. Car, les incubes et succubes sont tantôt démons, tantôt Élémentals[1].

Ils sont, quelquefois aussi, animaux.

Bien entendu, l'incubat ou le succubat est tantôt voulu, désiré, tantôt contraint. En ce cas, il faut se dépêcher de chasser l'élémental ou le démon selon les moyens indiqués. Il est voulu chez les spirites.

Voici ce que Del Rio déclare dans ses *Controverses et recherches magiques* :

« … Les Démons peuvent prendre les corps de quelques trépassés, ils peuvent les mouvoir et les enchanter à leur volonté. Il peut naître quelque chose de l'accouplement d'un incube avec la sorcière ; Satan se sert en cela de la semence que l'homme perd en songe ou bien en quelque autre façon, car les démons manquent eux-mêmes de semence, laquelle est le résidu des viandes mieux cuites dans l'estomac des hommes.

« De l'accouplement du démon incube avec la femme, il peut naître quelque chose ; le démon n'en est pas le vrai père, mais l'homme dont le démon a pris la semence,

« Toutes les sorcières s'accordent en cela que la semence qu'elles reçoivent du diable est froide comme glace et qu'elle n'apporte aucun plaisir, mais horreur plutôt. C'est quand il n'a point intention d'engendrer ce qui arrive lorsqu'il se couple avec celles qui, comme les sorcières, n'ignorent pas que ce soit un démon. (Avec les autres, au contraire, le diable ne doit pas faire horreur ! il doit, pour se les attacher définitivement, leur procurer le plus de plaisir possible ! — Note de l'auteur).

« Les démons peuvent faire qu'une vierge d'âme et de corps conçoive, non toutefois sans semence d'homme. Car ils peuvent jeter une seconde et vraie semence prise dans la nature d'une fille endormie ou n'y pensant point, sans qu'elle soit aucunement corrompue. Mais ils ne sauraient faire que sa virginité se conserve en l'accouchement. »

Pour mémoire, il importe de rappeler des mots « incubation » et « succomber » ; il y a une étrange analogie…

Jacques de Voragine raconte qu'un prêtre tenté par un succube nu lui jeta son étole à ta tête et qu'il ne resta devant lui que le cadavre d'une femme morte que le Diable avait animé pour le séduire.

« Dans les cloîtres, dit J. K. Huysmans, des religieuses sont chevauchées sans arrêt pendant deux, trois, quatre jours par des incubés !

« L'organe de l'être incube se bifurque, et, au même moment, pénètre dans les deux vases, D'autres fois, il s'étend, et pendant que l'une des branches de la fourche agit par les voies licites, l'autre atteint en même temps le bas de la face… »

1. ↑ Ils peuvent être, aussi, des Anges. Et, naturellement, l'Église autorise le commerce avec les Anges. Il faut bien se rappeler que l'Église donne aux Anges un corps ; voici un passage textuel du Concile de Latran ; « Les anges sont des intelligences non tout à fait dépourvues de corps et non insensibles : ils ont un corps subtil de la nature de l'air ou du feu. On les a vus sous la figure humaine. »

Où s'arrête l'amour spirituel ? On se rappelle dans *La Faute de l'abbé Mouret*, le chef-d'œuvre de Zola, l'abbé Mouret terrassé par son amour pour la Vierge. Et certains passages de Sainte Catherine de Gênes et de Sainte Madeleine de Pazzi ne laissent aucun doute sur la nature de l'amour qu'elles éprouvent pour Jésus et la Vierge.

VIII

L'Excuse du shatanisme

Nous ne voulons point excuser le Shatanisme.

Nous voulons seulement répéter que le Shatanisme n'est pas ce que ma concierge pense.

Le Shatanisme n'est pas une religion.

Le Shatanisme est la négation du Catholicisme apostolique et romain, comme tous les autres cultes.

Tout ce qui nie cette religion est Shatanisme.

La Libre-pensée est Shatanisme. Tous tes schismes sont Shatanisme.

L'Athéisme est Shatanisme. Athéisme, d'ailleurs, est un vain mot. Pour être athée, il faut nier, et pour nier, il faut croire en l'existence ce qu'on nie.

Le lecteur nous rendra cette justice que nous n'avons pas conçu ce livre dans un esprit de haine ou de vengeance. Nous respectons et saluons bien bas toutes les convictions — dès qu'elles apparaissent sincères, désintéressées.

Et nous ne faisons nullement responsable telle religion de la faillite de certains de ses prêtres.

Les prêtres ne sont que des hommes... Il y a de mauvais hommes partout.

Nous désirons né pas critiquer le Catholicisme. Personnellement, nous lui sommes profondément reconnaissant de quelques adoucissements qu'il apporta à de pénibles moments, de ces sublimes cathédrales, de cet art vraiment divin qu'il inspira.

Qu'il nous soit uniquement permis de dire que, trop unifié, il ne s'adapta pas, indistinctement, à tous les pays, à tous les climats, à tous les tempéraments. Ses règles manquent d'élasticité. Un cerveau curieux ou indépendant ne peut s'y enfermer. Je ne parle pas de ses dogmes fondamentaux qu'il faut naturellement épouser, je parle de ses statuts intérieurs, un peu mesquins, si éloignés de ces espaces immenses, de ces lacs bleus à l'horizon clair où Jésus prêchait la charité, je parle de ses cérémonies pompeuses, trop dorées, trop illuminées, si éloignées de la vie simple, rustique des premiers initiés…

Cela a fait des mécontents, des jaloux. C'est dans l'ordre des choses humaines.

De là les schismes, c'est-à-dire le Shatanisme.

Il ne faut pas enfermer un enseignement aussi vaste que celui du Christ parmi les murs d'un temple. Le Catholicisme, c'est une religion de plein air, ouverte à tous, vieux et jeunes, riches et pauvres, large, haute, immense comme ce pardon qu'elle prêche ; le Shatanisme, lui, est un culte de grotte obscure, basse, pas aérée. Voyez les églises romanes encore imprégnées de gnosticisme : elles sont basses, matérialistes. Voyez les églises gothiques : elles s'envolent vers le ciel.

… Beaucoup qu'on accuse d'être Shatanistes le sont sans le savoir.

À la vérité, il ne suffit pas de dire « Nom de D. » dans un mouvement de colère pour être Shataniste. Pas plus qu'il ne suffit de louer le Catholicisme pour être Catholique bon teint : notre Maître J. K. Huysmans nous a toujours semblé, en dépit de son oblature, un piètre catholique. À force de parler de Shatan et de ses manèges, d'incubat, de succubat, de démons, de larves, de nuit obscure, à force d'user un talent indéniable à dépeindre les moindres détails de choses devant lesquelles Zola lui-même aurait reculé, on finit par paraître s'y complaire, Le Naturalisme a bon dos. Pour moi, je le prétends inacceptable en matière de Religion. Les Maîtres employaient de la peinture à l'œuf, ils n'employaient pas de la peinture à l'ail.

Plusieurs de nos libraires éditent des livres (?) dans lesquels les auteurs ne manquent pas une ordure sous prétexte de la mieux mettre à l'index, de la mieux dénoncer à un certain public, nullement indigné, ravi de s'y vautrer.

Huysmans fut sincère. Mais, quel piège Shatan lui a tendu ! Huysmans fut un excellent réclamiste pour le Shatanisme. En revanche, Zola fit de même pour Lourdes. Qui veut trop prouver…

Nous pourrions multiplier les exemples.

Renan n'a-t-il pas jeté dans le Catholicisme nombre d'hésitants ?

Lisez Sainte Thérèse : si vous n'êtes pas dégoûtés du Catholicisme…

Le Bazar de la Charité ! et cette fameuse oraison funèbre des victimes en laquelle un prédicateur osa dire que les innocents payaient pour les autres !

Le procès de Jeanne d'Arc ? L'Église la brûle, la même Église la béatifie ! Par l'Église, Jeanne est condamnée comme « sorcière, devineresse, fausse prophétesse, invocatrice et conjuratrice des mauvais esprits, superstitieuse, pratiquant les arts magiques, pensant mal de la foi catholique, permettant et consentant, au mépris de Dieu, qu'on la vénère et qu'on l'adore, donnant ses mains et ses vêtements à baiser. »

… Que dis-je ? L'Église se prit à son propre piège ! Elle se servit du Démon et de l'Enfer pour effrayer, et le Démon et l'Enfer tentèrent certains ! On défend si souvent aux enfants de toucher aux allumettes qu'ils finissent par y toucher pour voir ce que c'est. Les hommes sont de grands enfants. Dame, le Démon était commode pour l'Église quand il s'agissait d'effrayer ceux que la naissance et la fortune avaient placés au-dessus des lois ! Elle ne réfléchissait pas que c'était diminuer la puissance de Dieu. Il était si simple de priver du ciel les méchants sans les envoyer en enfer ! Ajoutez que le ciel et l'enfer étant les extrêmes, il fallut trouver un milieu : et l'Église créa le Purgatoire !

Puis, l'exaltation entretenue à coups de jeûnes» d'encens et de musique donna le Mysticisme.

Les extrêmes se touchent. Tels le Mysticisme et le Shatanisme.

Le Mysticisme conduit fatalement à l'incubat et au succubat, Le mystique finit par voir dans la Vierge une véritable personne de chair, l'amour divin devient amour humain, surhumain si vous voulez. Certaines pages d'auteurs mystiques dépassent de beaucoup Alfred de Musset et Cie. Il nous est souvent arrivé, dans les églises, plus particulièrement dans les chapelles des Communautés, de contempler des visages illuminés d'une extase en réalité beaui coup plus physique, que spirituelle…

Le but que souhaite l'Église — pousser l'amour divin jusqu'à la limite du matérialisme et s'y arrêter — demande un entraînement et dés cerveaux spéciaux.

Est-ce bien Shatan qui hante les cloîtres ?

Ces convulsions, ces phénomènes de lévitation ne dérivent-ils pas, plutôt, d'un régime destiné à détraquer les esprits, à les empêcher de voir, de juger ? Quelquefois, la dose est trop forte, et, alors, dame, c'est la crise de mysticisme ! Cela est si vrai que dans les Communautés, plus les règles sont douces, moins ces phénomènes sont fréquents.

… Il est dangereux d'anémier un cerveau. Un cerveau anémié n'a plus de volonté, il erre au hasard, il va de Shatan à Dieu, de Dieu à Shatan.

Voyez la crise mystique du Moyen-Age, le peuple ne sait plus ce qu'il fait, il confond Shatan et Dieu, il invoque tantôt l'un, tantôt l'autre — quand il ne les invoque pas tous deux à la fois.

Tous les Shatanistes ne sont pas des mécontents, des jaloux ; beaucoup sont des mystiques qui ne savent pas, qui n'ont pas su s'arrêter. Vous les étonneriez beaucoup en les traitant de Shatanistes.

Pourtant, ils le sont…

Et sont-ils bien coupables ?

En vérité, n'y a-t-il pas un peu de la faute de l'intransigeance du plus divin, du plus magnifique Enseignement, malheureusement borné par quelques-uns pour le besoin de leur cause ?

15 janvier 1912
Monastère de Dardat (Corrèze)

FIN